¡AMÉN! ¡Amén! ¡AMÉN!

APRENDE A DECLARAR LAS COSAS QUE NO SON COMO SI FUERAN

NOEMÍ RIVERA

Por, Noemí Rivera (2019)

Dedicatoria

Este libro es dedicado a ti Dios. Esto nació en tu corazón y me diste el privilegio de ser el instrumento para realizarlo. Esto es tuyo, Dios.

La gloria y honra siempre para ti. ¡Te amo!

Agradecimiento

Agradezco a Dios por la vida, por mis vivencias, por su dirección y guía. Gracias a mis padres: Noemí Negrón y Harry Rivera, por sus esfuerzos, su educación, sus cuidados y por enseñarme a conocer a Dios. Gracias Amneris Meléndez por tu trabajo, dedicación, por muchas veces empujarme a seguir trabajando, por tu amistad y por dejarte usar por Dios en una forma muy única y especial. Gracias a Jennifer Hernández por tu amistad y apoyo en este proyecto, agradezco tus oraciones. Te quiero mucho. Gracias a Sheidi N. Hernández por tu apoyo, oraciones y por también ser mi monitor, cada vez que me preguntabas, ¿cómo vas con el libro? Gracias por tu amistad, aún en la distancia, te quiero mucho. Gracias Edna L. Quintana, aunque no sabías de este proyecto, cada llamada, cada conversación contigo fue única en mi proceso. Gracias por tu hermosa amistad. Te quiero mucho. Gracias Carmen M. Díaz, no sabías de mi sueño y un día me llamaste para contarme que habías soñado conmigo, que me veías escribiendo mucho. En ese momento supe que era hora de comenzar con el proyecto. Gracias por tu amistad, cariño y oraciones, te quiero mucho

Gracias a mi familia. Sé que siempre me presentan en sus oraciones y eso es muy importante para poder seguir en pie. A mi pastor, Enrique López, gracias por ser mi padre espiritual y guiarme con sus sabios consejos que proceden de la sabiduría que le otorga Dios. Gracias de todo corazón. Lo quiero y lo respeto mucho. ¡Gracias! Y gracias a ti que estás a punto de comenzar a leer este sueño que hoy es realidad. Declaro bendición en tu vida y que cada día ames y disfrutes más a Dios.

¡AMÉN! ¡Amén! ¡AMÉN!

Introducción

Desde niña me ha gustado escribir. Cuando estaba en segundo grado mi mamá me regaló un diario. Me explicó su función y cómo utilizarlo. Ese fue mi comienzo como escritora. También recuerdo que me gustaba copiar en papeles pasajes de libros. Sin saberlo, esto me ayudó a mejorar mi ortografía. Luego con los años, cuando me reconcilié con el Señor y comencé a congregarme en la Iglesia Torre Fuerte de Juncos, me percaté que tenían un periódico, en oración le pedí a Dios que algún día me permitiera escribir en él. Muchos años después, me lo concedió y hasta por una pequeña temporada me permitió editarlo. Con los años he sido maestra de adultos en la iglesia, me han dado la confianza y el privilegio de llevar el mensaje de Dios, a través de la predicación. Para todas estas tareas he tenido que escribir mucho.

Este libro comenzó cuando empecé a escribir mis colaboraciones para el periódico de la iglesia. Hacía los escritos y los publicaba allí, entonces, nació la idea de escribir un libro. Luego, en mi trabajo secular, Dios colocó en mi vida a Amneris Meléndez (mi editora). Gloria a Dios por ella. De una relación de maestra-madre (le di clase a sus dos hijos mayor), pasamos a la relación de escritora-editora y hoy, gracias a Dios, somos amigas. Asistí a uno de los talleres que ella ofrece sobre cómo escribir un libro y allí entendí un poco del proceso. Dos años después, ella comenzó a animarme para entrar en esta aventura y hoy estoy cumpliendo uno de mis sueños con el propósito de darle gloria a Dios en todo tiempo.

Muchos de mis escritos nacieron hace varios años en un proceso donde enfrenté problemas de salud, los escribí en el hospital mientras esperaba que llegara mi turno para ser atendida, ¿qué cosas no? Así es Dios: te inspira, te da ideas y temas donde menos te lo esperas. Otros de los escritos son mensajes que preparé para predicar en mi iglesia. Dios me dio el título del libro mientras trabajaba en él. ¿Por qué tres veces amén? Por el Padre, el Hijo y el Espíritu Santo.

Confío en Dios, que al leer este libro puedas entender y creer que Dios está en TODO tiempo contigo. Aunque a veces las circunstancias sean difíciles, Él está contigo. Creo que Dios hablará a tu vida de una forma clara, sencilla, pero contundente, para que reafirmes tu fe en Él.

Andar con Dios, es la forma más segura para caminar en este mundo. Tener una relación con Él, tener intimidad con Él es vital para nuestra existencia. Sin Él nada somos. Él es nuestra fuerza, nuestra esperanza, nuestro pronto auxilio, nuestro diseñador, nuestro creador y nuestro Padre. Es el origen de nuestra vida.

Aprende a declarar las cosas que no son como si fueran (Romanos 4:17). Aprende a depender de Él totalmente. Aprende a ser sensible a su voz y seguir su dirección. Aprende a abrazarlo y disfruta su compañía. Recuerda: "Todas las promesas que ha hecho Dios son sí a en Cristo. Así que, por medio de Cristo respondemos amén para la gloria de Dios".

¡AMÉN! ¡Amén! ¡AMÉN!

Contenido

Cambios

El "vaivén" de las personas en nuestras vidas

La vida está en movimiento constante, por lo cual continuamente estamos en procesos de ajustes. Una vez escuché a la Dra. Lis Milland decir que la vida es como un tren en el cual entran y salen personas; esto es muy cierto. Pero que fuerte cuando no estás preparado para la llegada de alguien y menos aún para su salida. Peor aún, cuando se van personas, pero no entra ninguna nueva en buen tiempo y a tu puerta solo llama la soledad. ¡Qué difícil! Luchas, pero la soledad sigue ahí, bien persistente, quiere ser tu acompañante. A ella no le importa que no le des la bienvenida. Se queda ahí, con su cara de lechuga. Es firme y perseverante. Si logra entrar, no será fácil sacarla.

Es como cuando alguien le da cabida a otra persona en su hogar para ayudarla en un momento dado. Pero pasa el tiempo y el dueño del hogar comienza a incomodarse, porque ve que su huésped no hace nada para remediar su situación, está cómodo en ese lugar. Esto llega al punto donde el dueño tiene que ir a tribunales para sacar a esa persona de su casa, pero pierde el caso porque él fue quien invitó a esa persona a vivir en su hogar. ¡Qué fuerte! ¿Verdad?

Pues así mismo ocurre con la soledad. Cuando ya no la queremos cerca, ella no se quiere ir. ¿Pero sabes qué? Tenemos el mejor abogado del mundo que se llama JESÚS. Él no pierde un caso. Él ya los ha ganado todos en la cruz del calvario. 1 Juan 2:1 dice: *"Mis queridos hijos, les escribo estas cosas para que no pequen. Pero, si alguno peca, tenemos ante el Padre a un intercesor, a Jesucristo, el Justo."* ¡Qué hermoso tener la Palabra a nuestro alcance y leer verdades como estas! Jesús nos defiende y la victoria está en Él y, por lo tanto, con nosotros, los que creemos que Él es el camino y la verdad (Juan 14:6). Así que, si has sido turbado por **el vaivén de personas en tu vida** y en este momento la soledad quiere ser tu compañera, clama al Señor, preséntale tu situación y espera en Él para ser testigo de lo que hará en tu vida. Dios nos dice en Jeremías 33:3 *"Clama a mí, y yo te responderé, y te enseñaré cosas grandes y ocultas que tú no conoces"*. ¡Maravilloso es Dios! Habla con Él y Él hará. ¡Gloria a Dios!

¡AMÉN! ¡Amén! ¡AMÉN!

En la luz de la aurora

¿Alguna vez has visto una imagen de una aurora boreal? ¿O has tenido el privilegio de viajar y verla con tus propios ojos? Yo no he podido verla personalmente, pero sí he visto imágenes, y son realmente hermosas. El término aurora, según el diccionario, significa: luz que precede (que viene antes) inmediatamente a la salida del sol. La aurora boreal es un fenómeno atmosférico, una luminosidad que se produce a gran altitud. Si se produce en el norte del planeta Tierra se le llama aurora boreal, si es en el sur se le llama aurora austral. Consiste en manchas y columnas luminosas que cambian rápidamente, tienen varias tonalidades y adoptan muchas formas, arcos, bandas, filamentos, coronas y otras. Un significado diferente para aurora es: principio de alguna cosa. Si volvemos a nuestro tema de hoy: En la luz de la aurora, vemos que Dios nos quiere hablar de: en la luz del principio. ¿Principio de qué? Un nuevo día, un nuevo trabajo, una nueva etapa: ser padres, un matrimonio, una nueva vida. ¿Quién está en esa luz? Dios.

Para los hebreos el término luz es el resplandor de la presencia de Dios. El Salmo 27:1 dice: *"El Señor es mi luz y mi salvación; ¿a quién temeré? El Señor es el baluarte de mi vida; ¿quién podrá amedrentarme?"* David comienza en este Salmo con un canto de confianza en Dios. Así también debemos comenzar nuestros principios (llámense como se llamen) dándole a Dios nuestro canto de confianza en Él. *"Dichosos los que saben aclamarte, Señor; y caminan a la luz (en el resplandor) de tu presencia"* (Salmo 89:15).

Es hermoso, ¿verdad? Andar en la presencia de Dios. Expresándole, que reconocemos que nuestro principio es Él. Dándole el lugar que le corresponde. *"El pueblo que andaba en la oscuridad ha visto gran luz; sobre los que vivían en densas tinieblas la luz ha resplandecido"* (Isaías 9:2). Cuando tú y yo aceptamos a Jesús como nuestro Salvador, nuestra vida, que estaba llena de sombra de muerte, se llenó de luz, se llenó de Dios, Jesús y el Espíritu Santo. La presencia de Dios comenzó a resplandecer en nuestras vidas y ese fue el principio. Ese fue el paso de la aurora por nuestra vida, de la nueva vida en Cristo. ¡Aleluya!

La luz es energía divina que existe para el bien del hombre, fuente de la vida y de la felicidad. *"Grata es la luz, y qué bueno que los ojos disfruten del sol"* (Eclesiastés 11:7). Para todo principio que Dios haya determinado, debes estar lleno de gozo y a la expectativa para disfrutar de lo bueno de la vida. En este versículo, la luz se refiere a lo bueno de la vida y cuando habla del sol, se refiere a estar vivo. En Dios estamos vivos. Las personas que no han

14

aceptado a Jesús como su Salvador, están en el mundo, pero realmente no están vivos. Realizarán muchas cosas para vivir, para ser felices (según ellos), para estar satisfechos, pero a la larga volverán a sentirse insatisfechos, porque todavía no han comenzado su verdadero principio. No ha llegado la aurora de su vida, la que tenemos tú y yo, que se llama Jesús.

Hay una alabanza de Jesús Adrián Romero, titulada: Espérame, y en una parte él dice: *"Espérame por la mañana, antes de que salga el Sol, antes de que comience el día…"* Así debemos decir cada día en la mañana y hablar con Dios, antes de cualquier otra cosa. Jesús es nuestra fuente de vida. Para vivir realmente hay que reconocer que Jesús es el camino, la verdad y la vida. Cuando lo hacemos, la fuente de nuestra vida, es diferente. Pasaremos por circunstancias difíciles, pero tendremos el consuelo la protección y la sabiduría de Dios. ¡Qué más podemos pedir! Cuando vivimos con Él, por Él y para Él, tenemos la seguridad de que algún día vamos a entrar en su reposo total y absoluto. Que lo viviremos cuando Jesús venga a buscar a su novia, la iglesia, y vayamos a morar con Él al lugar que nos ha preparado. Allí alabaremos, adoraremos y estaremos en su reposo absoluto. Y ese será otro principio en nuestra vida. Ese día, el día de su venida, estaremos en la luz de la aurora más deseada y anhelada por nosotros, los hijos de Dios. ¡Aleluya!

"La luz se esparce sobre los justos, y la alegría sobre los rectos de corazón" (Salmo 97:11). Para llegar al principio de nuestra vida eterna

debemos estar consientes de nuestro andar, de obedecer a Dios, de rechazar lo malo en nuestras vidas. ¿Cómo lo hacemos? Orando, leyendo la Palabra y sirviéndole. Es muy importante que, todos los días, nos alimentemos espiritualmente. Debemos estar a la expectativa del principio de la aurora que Dios nos ofrece cada día. Si ver la imagen de una aurora boreal es hermoso, entonces experimentar la aurora que Dios tiene para nuestra vida no tiene comparación. Pero tenemos que estar conectados a la fuente de esa aurora, que es Dios, para no perder la oportunidad de ver la belleza de esa luz en nuestras vidas.

Orar es muy importante. Colosenses 4:2 (NVI) dice: *"Dedíquense a la oración: perseveren en ella con agradecimiento"*. La versión NBD lo expresa así: *"Nunca se cansen de orar. Oren siempre con gratitud"*. Quieres estar en la luz de la aurora, en la luz de un nuevo principio, o comienzo, ora. Joyce Meyer dice: *"Si no oramos lo mejor que puede suceder es nada, las cosas permanecerán tal como están, lo que es aterrador. Todos necesitamos cambiar y el camino para lograrlo es la oración"*. Quieres nuevos principios llenos de la presencia de Dios, ora.

La luz también simboliza santidad. Para cada principio que Dios ha diseñado para nosotros debemos estar en santidad. Por lo cual, no debemos andar en tinieblas. La luz, el resplandor de la presencia de Dios, trae sabiduría, y salvación. *"Envía tu luz y tu verdad; que ellas me guíen a tu monte santo, que me lleven al lugar donde tú habitas"* (Salmo 43:3). La

16

presencia de Dios nos guía por el camino correcto. Cuando a Salomón le tocó ser rey, apenas tenía 20 años de edad. Así que tenía una gran responsabilidad en sus manos, dirigir al pueblo de Israel. Y, por si fuera poco, tenía que edificar el Templo de Dios. Pero Salomón, habló con Dios y pidió sabiduría. *"Yo te ruego que le des a tu siervo discernimiento para gobernar a tu pueblo y para distinguir entre el bien y el mal. De lo contrario, ¿quién podrá gobernar a este gran pueblo tuyo"* (1 Reyes 3:9).

"Además, aunque no me lo has pedido, te daré tantas riquezas y esplendor que en toda tu vida ningún rey podrá compararse contigo" (1 Reyes 3:13). Como Salomón colocó en su principio (su etapa como rey) en primer lugar, la presencia de Dios en su vida, Dios lo prosperó en todo lo demás. Así que, ahí podemos ver un ejemplo de lo que nos dice Dios. *"Querido hermano, oro para que te vaya bien en todos tus asuntos y goces de buena salud, así como prosperas espiritualmente"* (3 Juan 1:2). Si crecemos, maduramos espiritualmente y veremos principios en otras áreas de nuestras vidas. Es importante el tiempo que saques para estar a solas con Dios, tú y Él, nadie más. Este tiempo es clave para ti y tu desarrollo espiritual.

Hace un tiempo atrás, aprendí cómo hacer un Diario Espiritual. Cada día, anoto en una libreta el versículo que leo y describo: qué mensaje me da, qué mandamiento me da, qué promesa me da, qué verdad imperecedera me da y qué aplicación tiene en mi vida. Además, escribo algún comentario y le añado hasta dibujos. Dios me ha enseñado tanto a través

17

del tiempo que paso con Él. Me ha enseñado, me ha corregido, me ha aconsejado, me ha consolado… ha sido maravilloso. Pero tienes que sacar tiempo para estar con Él. No importa cuán ocupado puedas estar, el tiempo con Dios no es negociable. Ese tiempo le pertenece a Él. Y ese tiempo producirá la presencia de Dios en tu vida y en tus principios.

La luz es el vehículo de la revelación. *"Yo soy la luz del mundo. El que me sigue no andará en tinieblas, sino que tendrá la luz de la vida"* (Juan 8:12). Andar sujetos a Dios, creer en Jesús y confiar en el Espíritu Santo tendrá como consecuencia que entenderemos lo que Dios quiere hacer con nosotros y lo que anhela para nosotros. Nos indicará, paso a paso, cómo quiere que pensemos, actuemos y andemos en nuestra vida. La revelación de Dios nos puede llegar de distintas formas: por medio de su Palabra, por medio de los profetas, por medio de sueños, visiones… de muchas maneras. Solo hay que propiciar que la presencia de Dios siempre esté en nuestra vida. No tomar rumbos equivocados, porque sean atractivos a nuestros ojos. Debes saber que, si nos desviamos, tendremos consecuencias, espiritual-mente hablando, que se reflejarán en nuestra vida natural. Jesús nos dice: *"Yo soy la luz que ha venido al mundo, para que todo el que crea en mí no viva en tinieblas"* (Juan 12:46). ¡Qué hermoso! ¡Cuán grande es el amor de Dios, por nosotros, su pueblo, sus hijos!

La luz también simboliza el triunfo de Dios. *"Ya no habrá noche; no necesitarán luz de lámpara ni de sol, porque el Señor Dios los alumbrará. Y reinarán por los siglos de los siglos"* (Apocalipsis 22:5). Andaremos, estaremos en la luz que proviene de Dios. Esto me recuerda que cuando Moisés estuvo con Dios y escribió las segundas tablas de los diez mandamientos (porque las primeras fueron escritas por Dios, pero Moisés se enojó tanto al bajar y ver que el pueblo estaba pecando que las rompió) *"...de su rostro salía un haz de luz"* (Éxodo 34:29).

Así que intente imaginar cómo será cuando estemos todo el tiempo bajo la luz de Dios. Y ese principio hermanos, el principio de la vida eterna, de la victoria, yo no me lo quiero perder. Yo lo quiero vivir, experimentar y disfrutar plenamente. Pero para llegar ahí, tenemos que, desde ahora, asegurarnos que los principios de nuestras vidas estén bajo la cobertura de la presencia de Dios. ¿Y tú? ¿Quieres eso en la tuya? No importa en qué situación estés ahora. En Miqueas 7:8 dice: *"Enemiga mía, no te alegres de mi mal. Caí, pero he de levantarme; vivo en tinieblas, pero el Señor es mi luz"*.

"Este es el tiempo de renovar tus fuerzas, retomar tu posición, reafirmar tus pasos, restablecer tu fe, restaurar tu alma, realizar y alcanzar metas, reconstruir tus valores, con Cristo a tu lado tú puedes lograrlo".

-Autor desconocido

Si desde hoy quieres el reflejo de la presencia de Dios en tus principios, vamos a hacer una oración.

Dios de toda gloria, alabado sea tu nombre siempre. Gracias por el privilegio de un día más de vida. En este momento quiero pedirte que Tu presencia en mi vida sea la luz que dirija mi andar. Quiero seguir el camino correcto, llamado Jesús. Dios, contigo quiero habitar siempre.

En el nombre de Jesús.

¡AMÉN! ¡Amén! ¡AMÉN!

Que difíciles son los cambios, ¿verdad?

El concepto cambio significa: modificación de una cosa para convertirla en algo distinto u opuesto. Por lo cual, es una experiencia, un proceso, que a veces es difícil de aceptar o asimilar.

En mi trabajo secular soy maestra en el sistema público de Puerto Rico. Cuando se anunció el cierre de 100 escuelas en nuestro país, estaba muy preocupada. Gracias a Dios mi escuela no estaba en la lista. Pero algunas de mis amistades sí fueron afectadas y vivieron un fuerte proceso de cambios inesperados. Los cambios producen ansiedad, inseguridad, tensión, desánimo y tristeza; por eso es que son difíciles. Vivir cambios sin Dios en nuestra vida es una cosa, pero vivirlos con Dios es otra, claro, si estás enfocado en Él y en su Palabra.

Mateo 6:34 nos dice: *"Por lo tanto, no se angustien por el mañana, el cual tendrá sus propios afanes. Cada día tiene ya sus problemas".* Fíjese que Dios nos dice que no nos preocupemos por el día de mañana. ¿Y qué hacemos todo el tiempo? Preocuparnos por el próximo minuto, próxima hora, por mañana…vivimos preocupados todo el tiempo. Por esa preocupación no podemos vivir, ni disfrutar el ahora. Que hay situaciones que resolver, cierto, pero cuando lleguen se trabajan. Pero, por lo general, queremos cruzar el puente, antes de llegar al charco.

Salmo 27:14 nos dice: *"Pon tus esperanzas en el Señor; ten valor, cobra ánimo; ¡pon tu esperanza en el Señor!"* Dios te dice que esperes. Habla con Dios. Escucha a Dios. Sigue las instrucciones que dicte a tu corazón. Cualquier cambio que estés viviendo en este momento, espera en el Señor. Deuteronomio 31:6 nos dice: *"Sean fuertes y valientes. No teman ni se asusten ante esas naciones, pues el SEÑOR su Dios siempre los acompañará; nunca los dejará ni los abandonará"*. No permitas que el miedo se adueñe de tu vida en este proceso de modificación que estás viviendo, Dios está contigo. Vuelvo y te lo repito, Dios está contigo, no te desamparará. Dios está al pendiente de ti. Él es tu escudo y protección. Josué 1:9 nos dice: *"Ya te lo he ordenado yo: ¡Sé fuerte y valiente! ¡No tengas miedo ni te desanimes! Porque el SEÑOR tu Dios te acompañará dondequiera que vayas"*. Dios va a estar contigo **dondequiera** que vayas. Solo alza tus ojos y clama a Él y Él te responderá. Porque Él es tu padre, es tu diseñador, es tu creador y te ama. Él te cuida **como a la niña de sus ojos** (Salmo 17:8).

Cobra ánimo. No importa lo que vean tus ojos naturales, sigue hacia adelante. Recuerda que, si estás en las manos de Dios, tu problema no es tu realidad espiritual. Dios tiene el control de **todas** las cosas. *"Ahora bien, sabemos que Dios dispone todas las cosas para el bien de quienes lo aman, los que han sido llamados de acuerdo con su propósito"* (Romanos 8:28). Agárrate de esa promesa. Honra a Dios en tu caminar y Él te colmará de bendiciones. Y por los cambios, no te preocupes, Dios tiene el control. Dios conoce el fin desde el principio. Te bendigo en el nombre de Jesús.

¡AMÉN! *¡Amén!* ¡AMÉN!

¡Que no te sorprenda el apagón!

En septiembre del 2016 sufrimos un apagón en Puerto Rico a causa de un incendio en la Central Aguirre. Estuvimos varios días sin el servicio de energía eléctrica. ¡Y qué falta nos hizo! Aún más, a quienes tenemos estufas eléctricas. Un apagón es algo que nos sorprende, llega de improviso, desajusta nuestra rutina, nos toma desprevenidos y, en muchas ocasiones, no estamos preparados para enfrentarlo.

¿Qué ocurriría si sucede un apagón en nuestra vida espiritual? Como hijos de Dios, deberíamos estar alerta, prevenidos y preparados para la batalla, diariamente. Por eso, la Palabra nos dice en Efesios 6:10-18 que debemos ponernos la armadura de Dios. Pero esa armadura debe estar en las mejores condiciones, por eso, hay que darle mantenimiento. ¿Cómo lo hacemos? Orando, leyendo la Palabra, meditando en ella, guardándola, haciendo lo que nos indica, alabando, adorando, ayunando... Hay tantas formas de dar mantenimiento a nuestra armadura,

24

pero nos llega la pesadez, la soñolencia espiritual y nos coge fuera de base, fuera de forma, fuera de nuestro lugar. Así les ocurrió a unas vírgenes (Mateo 25). Estaban esperando a su amado. Eran diez en total. Cinco eran insensatas y cinco eran prudentes. Cada una tenía una lámpara. Y para que su lámpara estuviera encendida necesitaban tener aceite. Hubo cinco que se encargaron de tener suficiente aceite para que su lámpara estuviera encendida. Pero las otras cinco no se prepararon bien. A todas les dio sueño y se durmieron. De pronto, se oyó un grito de que llegaba el novio. A las insensatas se les estaban apagando sus lámparas .y les pidieron aceite a las otras. Éstas le dijeron que no, porque entonces no tendrían suficiente aceite. Les aconsejaron que fueran a comprar. Las insensatas se fueron. Entonces, cuando llegó el novio, se llevó a las prudentes al banquete y cerró las puertas. Cuando las insensatas regresaron, suplicaron para que les abrieran, pero el Señor respondió: "¡No, no las conozco!"

El aceite es símbolo de unción, de estar preparado, aún con las circunstancias que podamos vivir aquí en la Tierra. ¿A cuál grupo de vírgenes te quieres parecer? Yo quiero ser del grupo preparado. ¿Y tú? Por tal razón, debes comenzar a buscar tener intimidad con Dios. Comienza a conocerlo, conocer su sabiduría, su conocimiento, su inteligencia, su camino. Y no te conformes con conocer solo sus obras. Para que llegue un momento dado en el cual le digas a Dios como le dijo Job en una ocasión: "De oídas había oído hablar de ti, pero ahora te veo con mis propios ojos" (Job 42:5). Así que levántate y adiestra tus manos para la batalla. No permitas que un apagón te sorprenda sin estar preparado. Al contrario, si llegara un apagón a tu vida, demuestra en quién está puesta tu fe, demuestra a quién tú le sirves, demuestra de dónde procede la luz que ilumina tu camino. Una luz que su procedencia nunca se agota. Porque su fuente es Dios, solo y exclusivamente Dios. ¡Aleluya! Cancela todo apagón en el nombre de Jesús.

"Tu palabra es una lámpara a mis pies: es una luz en mi sendero"(Salmos 119:105).

¡AMÉN! ¡Amén! ¡AMÉN!

Tiempo de espera

Para nacer tenemos que esperar 9 meses (un parto normal). Para ir a la escuela tenemos que esperar 4 o 5 años, dependiendo el caso. Para ser un profesional, alrededor de 17 años, luego de haber terminado los niveles escolares elemental, intermedia, superior y la universidad. Cuando vamos al supermercado tenemos que esperar en la fila para pagar. Cuando vamos al médico tenemos que esperar turno. Cuando vamos al banco, tenemos que esperar para poder hacer una transacción. Esperar, esperar, esperar…

En estos ejemplos, mientras esperamos, vemos avances en el proceso. Pero, ¿qué ocurre cuando esperamos en Dios? Esperar en Dios es más complejo. Porque el tiempo de Dios no es nuestro tiempo. *"Dios hizo TODO hermoso en su momento, y puso en la mente humana el sentido del tiempo, aún cuando el hombre no alcanza a comprender la obra que Dios realiza de principio a fin"* (Eclesiastés 3:11). Por tal razón, y por nuestra naturaleza humana, nos desesperamos. En Dios hay momentos que, según nuestros ojos naturales, no vemos ningún avance. Percibimos que todo sigue igual, que nada cambia. Al contrario, podemos pensar que, si hay cambios, son para empeorar nuestra situación, sin ver un rayo de luz. Y esto puede ser peligroso, porque podemos llegar al punto de que, en vez de seguir confiando y esperando en Dios, comenzamos a tomar decisiones en nuestras propias fuerzas, bajo nuestra prudencia, lo cual es un error. *"Confía en el Señor de todo corazón, y no en tu propia inteligencia"* (Proverbio 3:5).

Si observamos al pueblo de Israel, precisamente esto fue lo que ocurrió. Cuando leemos su historia en la Biblia, específicamente en Números 14, Dios les mostró a los espías la tierra prometida y solo Caleb y Josué, miraron con confianza a Dios. El resto miró en su humanidad y solo trajeron malas noticias. Y a causa de eso, la entrada a la tierra prometida se extendió 40 años (Números 14: 20-35). Más adelante en la historia, cuando ya no estaba Moisés, Dios colocó jueces al pueblo, personas usadas por Él para dirigir al pueblo y llevarlos a la victoria. Pero entonces el pueblo de Israel, otra vez, no quiso confiar en lo que Dios hacía y pidieron un rey, porque querían ser como otras naciones. O sea, querían amoldarse al mundo. Por tal razón, llegó Saúl y el resto es historia.

El punto es que cuando no esperamos el tiempo de Dios y decidimos actuar por nuestra cuenta, las cosas salen mal. Por eso, es importante que aprendamos a vivir en el tiempo de espera de Dios, con toda confianza, con fe, con firmeza, persistencia y todo saldrá bien. *"Porque yo sé muy bien los planes que tengo para ustedes -afirma el Señor-, planes de bienestar y no de calamidad, a fin de darles un futuro y una esperanza"* (Jeremías 29:11).

Cuando sientas que la espera te desespera, pídele a Dios sabiduría del cielo (Santiago 3:17). Recuerda que todo lo bueno y perfecto proviene de Dios (Santiago 1:17). Llénate de esperanza y coloca ésta en el Señor (Salmo 27:14). Así que respira hondo, llénate de la paz de Dios y sigue hacia adelante. Recuerda: Su tiempo de espera es perfecto y trae bendición. Así que, confía y alábalo. `

Te bendigo en el nombre de Jesús.

¡AMÉN! *¡Amén!* ¡AMÉN!

Decisiones

Agradando a Dios

¿Qué sonidos escuchas cuando abres tus ojos en la mañana? ¿Alguna vez te has concentrado en eso? ¿Te has disfrutado los ruidos que provienen de la naturaleza? En mi caso, me levanto escuchando a los pájaros con sus distintos cantos. ¡Y es tan hermoso! La naturaleza es una obra de arte sin igual. Nadie en este mundo, por más que lo intente, puede crear algo tan hermoso como la naturaleza. Y eso es así, ya que nadie se puede comparar a Dios, el autor de la vida. Nada puede compararse a la belleza del cielo, las montañas, los valles, los campos, las flores, el mar, los ríos… no tiene fin. Pero su obra más impresionante es el ser humano, o sea tú y yo.

Dios tomó de su tiempo para diseñarte. Hizo cada célula de tu cuerpo, cada músculo, hueso, órgano…todo. No importa cómo te veas cuando te mires en el espejo, la visión que puedas tener de ti, no es la que tiene Dios y esa es la opinión que vale. No importa lo que las personas puedan pensar de ti, sino lo que Dios piensa. ¿Te has preguntado qué piensa Él de ti? ¿Te has preguntado, si lo que piensas, haces, decides, está bien delante de los ojos de Dios?

¿Te has preguntado si eres como perfume agradable delante de Dios? Yo sí. Constantemente oro y le pido a Dios que deseo ser como el perfume que derramó en una ocasión una mujer sobre su cabeza (Mateo 26:6-13). Un perfume caro, el cual muchos lo catalogaron como un desperdicio y fue lo contrario.

Para ser como ese perfume, debemos derramar nuestro corazón delante del Señor. Entregar nuestra vida en sus manos y tener confianza en Él. Creer que Dios tiene el control de todo, aunque nuestros ojos naturales puedan ver dificultades. Vivir nuestra vida de acuerdo con las enseñanzas y mandamientos de Dios. Sacar tiempo para alabar su nombre, adorarlo, bendecirlo, leer su Palabra, esto nos hace libres y hace que crezca nuestra fe. Busquémoslo de corazón, porque Dios lo que mira es el interior, no el exterior. Debemos vivir llenos del Espíritu Santo, para reflejar a Jesús en cada movimiento. Permitamos que nos moldee, como el alfarero moldea el barro, para que te haga según el diseño y propósito que ya Él había designado para ti (Jeremías 18:1-6).

No es un proceso fácil. Pero es eso, un proceso. A veces un poco incómodo, inquietante, doloroso, confuso a nuestros ojos, pero necesario. Dios nos dice: *"Mira que te mando que te esfuerces y seas valiente* (fuerte, valeroso, firme, obstinado*); no temas ni desmayes, porque Jehová tu Dios estará contigo en dondequiera que vayas"* (Josué 1:9).

Así que, sigue hacia adelante, porque si dispones tu corazón y todo tu ser a agradar a Dios, Él estará contigo dondequiera que vayas. Te bendigo en el nombre de Jesús.

¡AMÉN! ¡Amén! ¡AMÉN!

Aliméntate bien

¿Cómo está tu alimentación? ¿Es buena, regular o sabes que debes hacer algo urgente? ¿Te sientes fuerte? ¿Cómo se ven tus uñas, cabello, piel, dientes...? Por si no lo sabías, todas estas partes son reflejo de tu alimentación. El ser humano debe consumir alimentos variados: carnes, granos, lácteos, frutas, vegetales y hasta algo de aceite, para que pueda estar saludable y funcionar correctamente. Además, debemos hacer ejercicios, mínimo tres veces en semana, e ingerir seis comidas al día (comidas y meriendas). También tenemos que beber mucha agua. Debemos hacer muchas cosas para cuidar nuestro cuerpo y estar sanos, pero la realidad es que en pocas ocasiones cumplimos con todas ellas. ¿A quién no le tienta alguna comida de un "fast food"? ¿A quién no le tienta algún dulce? Especialmente si son de repostería. Mmmm... ¿Y qué ocurre? Que caemos en la tentación y comemos lo que no debemos y a las horas menos indicadas.

Sabes, así mismo ocurre en nuestro plano espiritual. Muchas veces fallamos por no alimentar nuestro espíritu y nuestra alma de la manera adecuada. ¿Cuál es este alimento? La Palabra de Dios. Ese es nuestro alimento diario. Así como, diariamente, hacemos nuestras comidas, debemos también alimentar nuestro espíritu diariamente. Además, al leer y escuchar la Palabra de Dios, alimentamos nuestra fe. *"Así que la fe viene como resultado de oír el mensaje, y el mensaje que se oye es la palabra de Cristo"* (Romanos 10:17). Dios nos habla tan hermoso. En su Palabra encontramos consejo y sabiduría, por ejemplo, en el libro de Proverbios. En la Biblia encontramos historias maravillosas, espectaculares, que fueron reales y nos llenan de esperanza, de fuerza, de valor para seguir hacia delante, como por ejemplo las historias de: Noé, José, Moisés, David y Jesús. Historias donde vemos cómo estas personas pasaron por momentos muy difíciles y hoy son ejemplos de perseverancia y permanencia, por ejemplo: Jesús, Pablo y Juan (el discípulo).

Si te fijas, en cada uno de estos ejemplos, puedes notar que todos usaron la Palabra de Dios para seguir adelante. Inclusive Jesús utilizaba la Palabra. No era que andaban con la Biblia debajo del brazo, ya que en aquella época los libros de la Biblia eran rollos. Ellos leían, estudiaban, meditaban, memorizaban la Palabra y cuando la necesitaban, la utilizaban porque la tenían en su mente, en su corazón. Proverbios 4:23 dice: *"Porque sobre todas las cosas cuida tu corazón, porque de él mana la vida".* Ese es el ejemplo que deberíamos imitar cada uno de nosotros. Alimentarnos diariamente con su

Palabra, meditar en ella, hacer como nos indica y entonces que nuestro camino prospere (Josué 1:8). De esta manera, hacemos lo que nos corresponde para evitar caer. Recuerde que el enemigo está rondando, tira dardos a la mente y solo podemos combatirlo con el uso de nuestras armas espirituales: orando, leyendo la Palabra, ayunando, alabando y adorando. Pero seguimos siendo humanos, ¿qué ocurre si caemos? Tenemos un Padre, de amor infinito y si venimos arrepentidos a Él, nos perdona. Así que, si cayeras, no te quedes en el piso, levántate como mujer y hombre guerrero de Dios. Confía en Él y Él hará. 2 Crónicas 20:15 Dios nos dice: *"...No tengan miedo ni se acobarden cuando vean ese gran ejército, porque la batalla no es de ustedes sino mía"*. No importa lo que venga Dios está contigo. Solo haz tu parte... aliméntate bien.

¡AMÉN! ¡Amén! ¡AMÉN!

¿Prefieres bizcocho o frosting?

Recuerdo que hace unos años, un domingo, escuchaba la predicación de mi Pastor: Enrique López (Iglesia Torre Fuerte de Juncos), en la cual nos enseñaba lo importante de tener prioridades en la vida. Como maestro al fin, (esa era su profesión secular) hizo una comparación, utilizando la imagen de un bizcocho. Él dijo que lo que era realmente importante y necesario en la vida era el bizcocho. Lo que era solo un deseo, no una necesidad era el frosting. Esa enseñanza se me quedó bien grabada en mi interior.

Un tiempo después, estaba en una tienda y quería comprar una pashmina (tipo de tejido de lana de cachemir con el cual se hacen chales) negra, ya que la que tenía estaba un poco maltratada y también un sombrero, para usarlo cuando fuera a la playa. Encontré ambos objetos y los coloqué en mi carrito de compras. Luego, comencé a caminar y, de pronto, escuché cuando Dios me preguntó: ¿Es eso bizcocho o frosting? Al instante me quedé quieta. Medité en la pregunta. Miré ambos objetos. Mi contestación fue: "Esto es frosting". Saqué ambos artículos del carrito y los dejé. Inclusive, recuerdo que finalmente me fui de la tienda sin comprar nada.

En mi iglesia, soy miembro del equipo que imparte clases a los nuevos convertidos. Le damos clases sobre temas básicos que deben conocer como cristianos, sobre todo, de cómo tener su vista enfocada en Cristo. Enfatizamos en buscarlo y conocerlo a Él, porque Él es nuestro camino al Padre, nuestra verdad y la vida. Recuerdo que en esos días habíamos terminado las enseñanzas a un grupo. Un domingo, antes de comenzar el servicio, una hermana me dijo que al final la buscara porque me quería decir algo. Al finalizar el servicio, la busqué para saber qué quería decirme. Me dijo: *"Realmente quería entregarte este obsequio, por lo buena que has sido con nosotros (refiriéndose a ella y su esposo) en este tiempo"*.

Quien me conoce, sabe que me emociono con los obsequios, pero no por el artículo, sino por el hecho de que la persona haya sacado de su tiempo para tener ese detalle conmigo. Eso es muy valioso para mí y lo agradezco de todo corazón. Yo los abracé, a ella y a su esposo, y le di las gracias. Estaba muy emocionada. No abrí el regalo allí, me fui a mi vehículo y entonces lo abrí. No imaginan la sorpresa que me llevé. En el interior de la bolsa encontré: una taza, una pashmina negra y un sombrero para la playa. Inmediatamente, saltaron lágrimas de mis ojos. Estaba asombrada con este suceso. Dios sabía que yo había obedecido en la tienda, pero en mi

interior yo quería tener esos objetos. Definitivamente, la obediencia trae bendición.

Así también sucede en nuestras vidas.
Debemos decidir qué necesitamos y qué deseamos.
Qué es importante y qué no lo es. Si prestamos
atención a lo que Dios nos habla y tomamos
decisiones correctas, al final, veremos la recompensa. Dios tiene cuidado de nosotros. Él es nuestro
Padre, y tal cual, nos da lo necesario. Muchas veces
nos consiente, dándonos aquello que es para nuestro
placer y no una necesidad. Para eso es necesario
buscarlo en espíritu y en verdad, escucharlo y
obedecerlo. Su Palabra en Mateo 6:33 dice: *"Mas
bien, busquen primeramente el reino de Dios y su
justicia, y todas estas cosas les serán añadidas"*.

Anhelo de todo corazón que mires tu vida y
la evalúes. Conéctate con Dios y aprende a decidir
diariamente si lo que quieres es bizcocho o frosting.

¡AMÉN! ¡Amén! ¡AMÉN!

Dejando atrás el dolor

Qué difícil es vivir un proceso doloroso. Acéptalo, si pudieras lo evitarías a toda costa. Todos, mientras caminamos, encontraremos situaciones dolorosas, si pudiéramos daríamos la vuelta o las brincaríamos para no vivirlas, pues no queremos sentir dolor. Pero la realidad es que cuando encontramos dolor en el camino no lo podemos evitar, solo nos resta experimentarlo. ¿Es fuerte? Sí. ¿Se derraman muchas lágrimas? Sí. Pero cuando le servimos a Dios, cada una de esas lágrimas Él las recoge y en sus manos son perlas preciosas. Esas lágrimas no caen en vano.

Lo increíble es que muchas veces el dolor proviene a causa de un ser querido. Ya sea intencionalmente (una traición, por ejemplo) o sin intención (la muerte de un ser querido). El dolor es aún más grande, cuando proviene de alguien a quien amas, alguien a quien le has dado confianza, alguien que significaba mucho en tu vida. Sabes, he aprendido que nuestra confianza debe estar en Dios, solo en Él.

Salmos 84:12 nos dice: *"Señor Todopoderoso, ¡dichosos los que en ti confían".*

Proverbios 16:20 dice: *"El que atiende la palabra, prospera. ¡Dichoso el que confía en el Señor!"*

Cuando llegue el proceso de dolor, debes abrir el baúl que has llenado en tu tiempo de intimidad con Dios. Pero, ¿qué pasa si no hemos guardado nada en ese baúl, porque lo tiempos eran buenos? Entonces el proceso de dolor será más difícil aún. Es importante cultivar una relación verdadera con Dios cuando todo va bien. Es importante leer su Palabra, orar, alabarlo y adorarlo. Recuerda que su Palabra dice que Él quiere que seamos prosperados como prospera nuestra alma (3 Juan 1:2). Y ese proceso de crecimiento ocurre cuando dedicamos de nuestro tiempo para estar con Dios. Y no te hablo de asistir los domingos, los miércoles o los días que se reúnan en tu iglesia. Te hablo del tiempo que le dedicas a Él cuando estás en tu hogar. Josué 1:8 dice: *"Nunca se apartará de tu boca este libro de la ley, sino que de día y de noche meditarás en él, para que guardes y hagas conforme a todo lo que en él está escrito; porque entonces harás prosperar tu camino, todo te saldrá bien".*

Hay que tener tiempo de intimidad con Dios. Si no lo haces comienza a hacerlo, y en el momento que el dolor toque a tu puerta verás cómo la gloria de Dios, su presencia, llenará tu vida, te agarrará de tu mano derecha y te acompañará en el proceso, para que al final cantes tu himno de victoria.

2 Timoteo 2:15 nos dice: *"Esfuérzate por presentarte a Dios aprobado, como obrero que no tiene de qué avergonzarse y que interpreta rectamente la palabra de verdad"*.

Salmos 119:105 dice: *"Lámpara a mis pies es tu palabra, y lumbrera a mi camino"*.

Si hacemos lo que nos corresponde, nuestro futuro en las manos de Dios será hermoso. Entonces, ¿por qué vivir con el dolor a cuesta? ¡No!, como hijos de Dios debemos dejar atrás el dolor, levantarnos y resplandecer (Isaías 60:1) con la luz que hay en nosotros, a causa de que Jesús mora en nosotros. Vive tu vida agarrado de Dios y deléitate en Él (Salmo 37:4).

Te bendigo en el nombre de Jesús

¡AMÉN! ¡Amén! ¡AMÉN!

¿Eres feliz o finges?

Hace unos días observé a una mujer echar agua a la acera frente a su casa, pero a través de unas rejas. Dios habló a mi espíritu y me dijo: *"¿La ves? Así viven muchos. Refrescan sus alrededores, pero atrapados en cárceles"*. Esto me impactó mucho. Pasé el día meditando en lo que Dios me había dicho, estremecida por la verdad de estas palabras.

Muchas personas viven como un payaso: sonrientes por fuera, pero tristes por dentro. Expresando una felicidad que no experimentan realmente. ¿Eres tú una de esas personas? Te tengo noticias: **Jesús** es tu respuesta. En Mateo 11:28 Jesús dice: *"Vengan a mí todos ustedes que están cansados y agobiados, y yo les daré descanso"*.

Eres importante para Dios. En Lucas 12:7 Jesús te dice: *"Así mismo sucede con ustedes: aun los cabellos de su cabeza están contados. No tengan miedo, pues ustedes valen más que muchos gorriones"*. Él está al pendiente de ti. Pero tienes que recodar que Dios es todo un caballero y no hace nada hasta que tú le indiques que puede tomar el control de tu situación.

Para esto debes reconocer a Dios como tu Salvador (si no lo has hecho aún), buscarlo en espíritu y en verdad, leer su Palabra, tener intimidad con Él, hablarle (esto es orar), ser sincero, entregarle tus cargas, permitirle que asuma el control de tu vida, mientras crees en Él.

Vive realmente tu vida, no finjas. Al único que engañas es a ti mismo. Cultiva tu vida espiritual. La vida es como un árbol al que hay que plantar, echar agua, abono y podarlo. Así mismo es tu vida. No malgastes el tiempo fijándote en cosas materiales que a la larga no tienen valor. Lucas 12:15 dice: *"...La vida de una persona no depende de la abundancia de sus bienes"*.

No importa cuán difícil piensas que es tu situación: *"Lo que es imposible para los hombres es posible para Dios..."* (Lucas 18: 27). En este momento Dios te dice como le dijo en una ocasión a la mujer samaritana: *"Si supieras lo que Dios puede dar, y conocieras al que te está pidiendo agua - contestó Jesús- tú le habrías pedido a él y él te habría dado agua que da vida"* (Juan 4:10). Si tú entendieras cómo Dios es y lo quiere para ti, te arrojarías a sus brazos y no saldrías de ellos jamás.

Atrévete a salir de tu encierro, a quitarte la máscara que has tenido por tanto tiempo, a dejar de refrescar tus alrededores y permitir que el río de agua viva refresque tu interior y corra en ti cada segundo de vida que tengas en esta tierra. Arroja tu máscara, ríe y gózate en Dios. Regocíjate en Él.

"Si se mantienen fieles a mis enseñanzas, serán realmente mis discípulos; y conocerán la verdad, y la verdad los hará libres" (Juan 8:31-32).

"Yo soy el camino, la verdad y la vida -le contestó Jesús- Nadie llega al Padre sino por mí" (Juan 14:6).

Te declaro **libre y bendecido** en el nombre de Jesús.

¡AMÉN! ¡Amén! ¡AMÉN!

Levantarse de un "triunfo" fracasado

En verano de 2018 estuve viendo un juego de soccer de la Copa Mundial de la FIFA en Rusia. Jugaba Argentina vs Francia, octavos de final. El equipo que perdiera se despedía del mundial. Latina al fin, mis esperanzas estaban puestas en Argentina, pero perdieron. La realidad fue que Francia demostró ser tremendo rival y se llevó la victoria. Fue desolador ver la cara de los jugadores de Argentina al perder. Su rostro reflejaba dolor, frustración, impotencia… fue devastador. Como todos los equipos que están allí, ellos anhelaban el triunfo, pero no se le dio. ¿Qué ocurre cuando alcanzas un triunfo, una meta, un sueño anhelado y al pasar el tiempo, eso que alcanzaste se convierte en un "fracaso"?

Mientras observaba el juego recibí la llamada de una persona allegada a mí, y en la conversación me contó lo que estaba viviendo. Ella siempre tuvo el sueño de casarse, establecer su hogar y tener hijos.

Llegó el "príncipe azul", aunque dio señales de no ser tan azul, pero estas fueron ignoradas. Se casaron, compraron su casa y hasta ahí era muy "feliz". Pasaron algunos años, pero no lograban concebir un bebé. Mientras tanto, el "príncipe" daba más señales de que no lo era. Luego, recibieron la noticia de que tendrían un bebé. Alegría, festejo, emoción… nueva vida. Ella creía que las cosas cambiarían y mejorarían. En el último mes de embarazo, el "príncipe" terminó de convertirse en el sapo que siempre fue. La mujer entró en depresión, al punto de no cuidarse y poner la vida de su bebé en peligro. Sin embargo, gracias a Dios el bebé nació y se encuentra bien.

¿Cómo levantarse ahora? ¿Cómo comenzar de nuevo? ¿Cómo llenarse de alegría, de ilusión, de optimismo luego de un fracaso que en un principio pareció un triunfo? Difícil la situación… ¿Cuándo te has sentido así tu en tu vida? ¿Pudiste levantarte? ¿O aún sigues revolcándote en el dolor, en el recuerdo de tu situación? Solo tengo para decirte una palabra: ¡LEVÁNTATE! Tu vida no ha terminado aún. Dios no ha puesto punto final a la historia de tu vida. En Dios siempre hay nuevos comienzos. Dios tiene la última palabra sobre tu vida.

Si no fuera así, José no hubiese sido goberna-dor de Egipto, Moisés no hubiese liberado a Israel, David no hubiese sido rey… La Biblia está llena de personas que tuvieron que levantarse de un triunfo convertido en fracaso y así poder completar su historia, lo que realmente era el propósito de Dios para sus vidas. En el caso de José, era el hijo favorito de su padre. Dios le otorgó el don de tener sueños y de vivir feliz con su familia, luego fue esclavo y estuvo preso... ¡de ser un triunfador pasó a ser un fracasado! En ese momento sus sueños pudieron morir, pero no sucedió. ¿Por qué? Porque permaneció confiando en Dios. Aún con lo que veía y vivía, él siguió con su fe puesta en Dios. En el caso de Moisés, él creció como hijo del faraón, en riqueza, opulencia, todo servido a sus pies. De pronto, supo que no pertenecía a ese pueblo, asesinó a un hombre y de ser señor de un lugar, se convirtió en exiliado. Comenzó a pasar penurias en el desierto, se encontró a sí mismo, pero lo más importante fue que se encontró con Dios. Es maravilloso saber que Moisés tuvo oídos para Dios y le obedeció. De ser un triunfador, se volvió un fracasado, pero de allí lo sacó Dios, lo usó con gran poder para cumplir su propósito.

Algo que he ido aprendiendo es que, de cada circunstancia difícil, siempre se aprende algo. ₈Max Lucado en su libro: *Dios está con usted cada día* dice: *"Dios siempre ha convertido la tragedia en triunfo"*. Y creo que es cierto. Lo que ocurre es que a veces no podemos ver y apreciar lo que para Dios es un triunfo. Dios ve las cosas muy diferentes a nosotros porque Él ve el final, que puede ser un final en la Tierra como puede ser un final en la eternidad. Por eso, una de las peticiones que debemos tener en nuestro corazón hacia Dios es que nos enseñe a entender, aceptar y obedecer su voluntad. No es tarea fácil. Sobre todo, cuando su voluntad no va de acuerdo a lo que queremos, deseamos o anhelamos. Lo más inquietante es que cuando no aprendemos a acatar su voluntad, podemos caer en decisiones y acciones que más tarde tendrán consecuencias en nuestras vidas. Debo decirte que, aunque en un momento dado caigas, siempre puedes levantarte, arrepentirte y seguir caminando, agarrado de la mano de Dios. Él es un Dios de nuevas oportunidades, de nuevos comienzos y te ama. Su amor es infinito. Su amor es inmenso. Nuestra mente finita no puede comprender la inmensidad de su amor hacia nosotros.

Otro ejemplo en la Biblia donde un triunfo, se volvió fracaso y luego fue un triunfo nuevamente es la historia de Sansón. Este hombre fue uno de los jueces de Israel. Por si usted no lo sabe, Israel en un principio no tuvo reyes, tuvo jueces. Luego de la muerte de Josué, Israel no tuvo un gobierno fuerte. Solo 12 tribus independientes, unidas por su Dios. Hubo varios jueces, en mi opinión unos más famosos que otros. Uno de estos famosos fue Sansón, tan famoso que hasta el Chapulín Colorado tiene un episodio con este personaje. En lo personal, esta historia me atrae mucho. Hay una canción cristiana para niños sobre Sansón, su letra es así:

"Sansón era un muchacho así, así, así.
Tenía mucha fuerza así, así, así.
Vinieron los filisteos a atacar a Israel.
Y pun y pun y pun, pun pun Sansón
los derribó".

Pienso que este personaje llama mucho la atención porque es como un superhéroe bíblico, por su gran fuerza y poder, que realmente era el poder Dios sobre él. Usted puede leer su historia en Jueces, capítulos: 13, 14, 15 y 16. Es toda una aventura. Pero quiero que nos enfoquemos en el momento donde Sansón había fracasado. De ser un hombre muy fuerte, gracias al poder de Dios que fluía en él, llegó a estar destruido, fracasado. Sin embargo, en el momento justo, recordó la fuente del poder que alguna vez tuvo: Dios. Y le habló así: "... *Oh soberano Señor, acuérdate de mi. Oh Dios, te ruego que me fortalezcas sólo una vez más, y déjame de una vez por todas vengarme de los filisteos por haberme sacado los ojos"*. (Jueces 16:28). En este momento de la historia Sansón estaba encadenado a dos columnas que sostenían la casa que era de los filisteos. Al clamar a Dios así, Él le otorgó su petición. Sansón una vez más tuvo su fuerza sobrenatural, derribó las columnas y cayó la casa sobre todos los que estaban allí. Dice la Palabra que en ese momento *"... Fueron muchos más los que Sansón mató al morir, que los que había matado mientras vivía"* (Jueces 16:30). Dios lo levantó de su fracaso y le dio la victoria. En este ejemplo le costó la vida a Sansón. Pero tengo la confianza de creer que Sansón descansa en el Señor.

Así puede ocurrir en nuestras vidas. Lo que el enemigo quiere que veamos como un fracaso, Dios lo utiliza para construir un triunfo. Hay una película hermosa, no sé cuantos la hayan visto, se llama *I can only imagine*. Cuenta la historia verídica del cantante cristiano Bart Millard. El enemigo, desde que él era un niño, le quiso hacer creer que era un fracasado. Su vida no fue fácil, pero pudo ser testigo de cómo la Gloria de Dios convirtió su fracaso en victoria. Les recomiendo verla y que lo hagan con servilletas en manos. Este hombre llegó de ser un don nadie y vivir

50

un proceso muy difícil, a por el poder de Dios, crear una canción que ha llegado muy lejos y ha tocado el corazón de millones de personas. Ricardo Rodríguez canta la versión en español, *Puedo imaginarme.* Su autor pertenece a la banda Mercy Me, por si luego quieren buscar más sobre él.

Solo debemos aprender a ver las cosas desde la perspectiva de Dios, no desde la nuestra. También debemos aprender a disfrutar el ahora, el presente y no agobiarnos por el mañana. Prestar atención a nuestro hoy y no estar enfocados en lo próximo, a tal punto que no nos disfrutemos lo que Dios nos otorga en el presente. Aprende a apreciar lo que otros hagan por ti. Agradece cuando alguien te prepare un cafecito. Toma tiempo para saborearlo. No lo bebas rápido porque tienes que hacer algo más. Disfruta ese momento, porque ese tiempo en específico no volverá.

No le vaya a ocurrir como a la joven de la fábula: La lechera. Una fábula es un relato corto en el cual por lo general los personajes son animales (aunque en esta veremos que no es así) y siempre llevan una moraleja, una enseñanza. La chica de esta fábula iba con su cántaro lleno de leche sobre su cabeza. Iba pensando lo que iba a hacer con el dinero que obtendría de la leche: comprar huevos, de los que nacerían pollos, los cuales vendería para comprar un cerdo, el cual iba a engordar para venderlo bien, para luego comprarse una vaca, luego tener un rebaño y tener una granja. Pero no se enfocó en su presente: agarrar bien su cántaro y caminar con cuidado. De pronto tropezó, se cayó, se rompió su cántaro y se rompieron sus sueños por no vivir el presente, pendiente del futuro.

Hay un dicho por ahí que dice: "Mejor es un pájaro en mano que diez volando". No quiero que malinterpreten y piensen que uno no puede tomar algunos riesgos y llevar ciertas cosas a cabo. Sí, claro que sí. Y más si entiendes que estás siendo dirigido por Dios, pero vive el proceso. Dale importancia a cada día, a cada paso, a cada persona que te encuentres en tu caminar y aporte cosas de bien para tu vida. Aprécialas. Quiérelas. Ámalas. En una aplicación de la Biblia del celular, se encuentra un plan de lectura llamado: *Conexión Vertical* y dice lo siguiente: "Tal vez te encuentras en una situación donde solo puede ver la leche derramada en el suelo, o los pedazos de tu cántaro quebrado. Recuerdas con nostalgia, lo que tenías y perdiste, o aquel sueño que solo quedó en eso y nunca se concretó. Tal vez la preocupación te limita de tal forma que no puedes ver más allá. Si fuera así, toma un momento y comienza a creer que si hay sueños que se frustraron, es porque Dios quiere darte algo mejor, proyectos que ni siquiera te imaginaste, están a punto de nacer. Muchas veces la desilusión por la no concreción de los propios sueños, constituye el primer paso para alcanzar los sueños de Dios. Pide a Dios nuevas fuerzas y que amplíe tu visión, Él está a tu lado y quiere darte aún mucho más de lo que perdiste".

"Y ustedes no recibieron un espíritu que de nuevo los esclavice al miedo, sino el Espíritu que los adopta como hijos y les permite clamar: ¡Abba! ¡Padre! El Espíritu mismo les asegura a nuestro

espíritu que somos hijos de Dios. Y si somos hijos,
somos herederos; herederos de Dios y coherederos
con Cristo, pues si ahora sufrimos con él, también
tendremos parte con él en su gloria"
(Romanos 8: 15-18).

"Los planes bien pensados: ¡pura ganancia! Los
planes apresurados: ¡puro fracaso!"
(Proverbios 21:5).

Dios tiene cuidado de nosotros. Por eso, sus planes para nosotros han sido hechos con cuidado y toman tiempo. El ser humano desea ver las cosas rápido y por eso llegan consecuencias negativas a nuestra vida. Las cosas hechas por Dios traen consecuencias maravillosas, de crecimiento para nuestro ser.

"Recompensa de la humildad y del temor
del Señor son las riquezas, la honra y la vida"
(Proverbios 22:4).

Dios quiere llevarnos a cada uno de nosotros a niveles que jamás hemos imaginado. Solo hay que dejarse llevar por Él, a su paso. Confiar de todo corazón en que sus planes son de bien y no de mal. Creer en Él. Buscar de Él. Entender que si algo no se da en nuestras vidas es porque no iba a ser de bien en el futuro y nos guardó de eso.

"Por mí aumentará tus días; muchos años de vida
te serán añadidos" (Proverbios 9:11).

"Confía en el Señor con todo corazón, y no en tu
propia inteligencia" (Proverbios 3:5).

"Porque el Señor disciplina a los que ama, como corrige un padre a su hijo querido" (Proverbios 3:12).

"Ella (sabiduría) es árbol de vida para quienes la abrazan; ¡dichosos los que la retienen!" (Proverbios 3:18)

La vida no es fácil. Nuestra lucha no es contra carne, ni sangre. Es una lucha espiritual, día a día. Por lo cual, hay que vivir agarrado de Dios, de sus enseñanzas, de su Palabra, de su Espíritu Santo. Mira a Jesús cada día. Él es el camino, la verdad, la vida. Vivir en Él, vivir para Él, vivir por Él. Si estás parado en "fracaso", recuerda que aún no ha llegado el fin. De ese "fracaso", si te colocas en las manos de Dios, grandes cosas ocurrirán en tu vida. Saldrás del pozo para ser el gobernador de la situación. Saldrás del desierto para ser un líder que dirige hacia a la libertad. Saldrás de ser un "simple pastor de ovejas" para ser un rey.

Dios te dará el poder necesario para vencer al enemigo. Solo habla con Él. En Jeremías 33:3 Dios dice: *"Clama a mí y te responderé, y te daré a conocer cosas grandes y ocultas que tú no sabes"*. Ese triunfo fracasado no es tu final, es el comienzo de la victoria de Dios en tu vida. Créelo. Vívelo.

¡AMÉN! *¡Amén!* ¡AMÉN!

¿Miras desde Pisgá o cruzas el Jordán?

"Sube hasta la cumbre del Pisgá, y mira al norte, al sur, al este y al oeste. Contempla la tierra con tus propios ojos, porque no vas a cruzar este río Jordán".

Deuteronomio 3:27

¡Ah! ¡Qué bien íbamos! ¿Verdad? Y nos bajaron rapidito. Pero, ¿sabes qué? Esto fue lo que le sucedió a Moisés. Esto no te tiene que suceder a ti. Vamos un poco atrás a la historia para que entiendas por qué Dios le habló de esta manera a Moisés. Si lees el capítulo 20 del libro de Números, sabrás que el pueblo de Israel tenía sed y comenzó a pelear y a quejarse. Se preguntaban para qué Dios los había sacado de Egipto y los tenía en ese horrible lugar (el desierto).

Moisés se humilló delante de Dios (hasta ahí vamos bien). Luego Dios le habló a Moisés y le dijo que tomara la vara, que reuniera la asamblea (pueblo) para que junto a su hermano Aarón le ordenaran a la roca que diera agua. La roca dio agua suficiente para el pueblo y el ganado. Pero hubo un error. Si vamos a Números 20:11, encontramos lo siguiente: *"Dicho esto, levantó la mano y dos veces golpeó la roca con la vara, ¡y brotó agua en abundancia, de la cual bebieron la asamblea y el ganado!"* No golpeó una vez, sino dos. El problema fue que Dios le dijo que le ordenara, no que la golpeara. Moisés no siguió las instrucciones de Dios. Por tal razón, Dios le dijo en Números 20:12 *"Por no haber confiado en mí, ni haber reconocido mi santidad en presencia de los israelitas, no serán ustedes los que lleven a esta comunidad a la tierra que les he dado".* Nuestro trabajo es creer. El trabajo de Dios es hacer. Y aquí Moisés no creyó en Dios. Por este motivo, Moisés solo pudo verla. Hasta este momento vemos que Moisés seguía las instrucciones de Dios y hablaba con Él. Pero llegó un momento donde sus circunstancias lo presionaron e hicieron que apretara un botón llamado: "**actuar sin pensar**".

¿Cuántos de ustedes han activado ese botón en sus vidas, una vez o varias veces? Yo lo he activado. El problema es las consecuencias negativas que eso trae. Cuando Moisés lo apretó, su acción constituyó una falta de confianza en Dios. Fue una ofensa a la santidad de Dios. Actuó bajo enojo, ira y descontrol. Por eso, solo pudo mirar desde Pisgá y no cruzar el Jordán. Pisgá es la última cumbre de la cordillera Abarim, que corre de norte a sur, paralela a la costa del Mar Muerto (mar donde desemboca el río Jordán por el norte. Su agua es clara y transparente, pero está densamente cargada de sal. Su peso es mayor que cualquier otra agua conocida. Es tan densa que una persona no puede hundirse en ella). Desde allí se puede ver casi todo el territorio israelita (o sea la tierra prometida). A esta montaña subió Balaam para maldecir a Israel, pero de su boca salió bendición (Deuteronomio 23:15-25). En esta montaña fue que murió Moisés (Deuteronomio 34:1-5). Así que esa cumbre está ligada, más de una vez, a la historia de Israel.

Ahora te pregunto, ¿Qué puedes ver desde Pisgá? ¿Qué sueños y propósitos puedes ver desde allí? ¿Quieres verlos o quieres vivirlos? Por tal razón, es necesario evaluarnos diariamente: ¿Estamos confiando en Dios? ¿Estamos o no estamos ofendiendo su santidad? ¿Estamos apretando el botón de "actuar sin pensar"? Sabes, no digo que esto no suceda jamás, porque somos seres humanos e imperfectos. Pero cuando nos hacemos conscientes de estas actitudes, con la ayuda de Dios, Jesús y el Espíritu Santo podemos trabajar en equipo para que cuando esas actitudes erróneas quieran aflorar, podamos detenerlas. Mire si a cualquiera le puede ocurrir, que le pasó a Pedro. Él anduvo con Jesús, oyó Palabra directamente de sus labios, fue testigo de su poder, vio maravillas y milagros, pero tenía problemas para controlar su carácter. Vamos a Juan 18: 4-11: *"Jesús, que sabía todo lo que le iba a ocurrir, les salió al encuentro. - ¿A quién buscan? - les preguntó. -A Jesús de Nazaret- contestaron. -Yo soy. Judas, el traidor estaba con ellos. Cuando Jesús les dijo "Yo soy", dieron un paso atrás y se desplomaron. - ¿A quién buscan? - volvió a preguntarles Jesús.*

-A Jesús de Nazaret- repitieron. -Ya les dije que yo soy. Si es a mí a quien buscan, dejen que éstos se vayan. Esto sucedió para que se cumpliera lo que había dicho: "De lo que me diste ninguno se perdió". Simón Pedro, que tenía una espada, desenfundó e hirió al siervo del sumo sacerdote, cortándole la oreja derecha. (El siervo se llamaba Malco). ¡Vuelve esa espada en su funda! - le ordenó Jesús a Pedro-. ¿Acaso no he de beber el trago amargo que el Padre me da a beber?" Cuando las circunstancias apretaron, Pedro apretó el botón **"actuar sin pensar"**.

Día a día, tenemos que comunicarnos con Dios. Buscar su dirección, su paz que sobrepasa todo entendimiento, para poder afrontar las presiones que existen en el mundo. Debemos hablar con Él (ser sinceros) y permitirle que hable con nosotros. Hay que pedirle a Dios, que afine nuestros sentidos, a tal grado que podamos entender sus instrucciones para el día a día. ¿Cómo podemos conocer la voluntad de Dios? Leyendo su Palabra. Lo que necesitas saber sobre la voluntad divina está en la Biblia. Por ejemplo, acompáñame a 2 Pedro 1:5-7, ahí Dios nos dice lo siguiente:

"Precisamente por eso, esfuércense por añadir a su fe, virtud; a su virtud, entendimiento; al entendim-iento, dominio propio (que es lo contrario de actuar sin pensar*); al dominio propio, constancia; a la constancia, devoción a Dios; a la devoción a Dios, el afecto fraternal; y al afecto fraternal, amor".*

También conoces su voluntad orando, hablando con Él. En 1 Pedro 3:12 nos dice: *"Porque los ojos del Señor están sobre los justos, y sus oídos, atentos a sus oraciones; pero el rostro del Señor está contra los que hacen el mal".* Al estar en comunión con Dios descubres lo que le agrada. En Colosenses 3:15 dice: *"Que gobierne en sus corazones la paz de Cristo, a la cual fueron llamados en un solo cuerpo. Y sean agradecidos".*

La paz de Dios es nuestro regulador. Cuando hacemos algo que viola su voluntad divina, su paz, nos abandona. Nos sentimos intranquilos, inseguros, ansiosos, así sabemos que estamos haciendo algo en contra de su voluntad. Hay otras maneras para que Dios nos muestre su voluntad, por medio de consejeros consagrados, discerniendo en las circunstancias, por medio de la voz interior del Espíritu de Dios que nos habla, a través de visiones o sueños. Lo importante es estar seguros de que hemos puesto nuestras vidas en sus manos y que haremos lo que nos pida.

Debemos establecer vallados a nuestro alrededor para no permitir que las presiones nos lleven al punto de apretar el botón **"actuar sin pensar"** que luego solo nos trae consecuencias negativas y dolores de cabeza. Debemos fortalecernos en el Señor, día a día, y recordar lo que nos dice Efesios 6:12: *"Porque nuestra lucha no es contra seres humanos, sino contra poderes, contra autoridades, contra potestades que dominan este mundo de tinieblas; contra fuerzas espirituales malignas en las regiones celestiales".*

Hermanos miren desde Pisgá, pero no se conformen con eso, no se queden ahí, crucen el Jordán. No se queden donde se quedó Moisés. Sigan caminando con el pueblo de Israel junto a Josué (que fue el líder que sustituyó a Moisés) y crucen el Jordán. Sean testigos del cruce milagroso del Jordán. Luego, lean Josué 3. Ahí sabrán que para el pueblo de Israel cruzar el río Jordán, Dios lo detuvo y el pueblo pasó en seco y así llegó a la tierra prometida. Cruza tú también a tu tierra prometida. Esa tierra donde se harán realidad tus sueños y el propósito de Dios.

"Si ustedes creen, recibirán todo lo que pidan en oración" (Mateo 21:22).

Pero todo esto ocurrirá en su Tiempo. Importante: todo ocurre en el tiempo de Dios y no en el nuestro. Israel estuvo 40 años en el desierto para poder llegar a la tierra prometida (se encuentra en Éxodo, Deuteronomio y Josué). Los desterrados de Jerusalén estuvieron 70 años cautivos para luego ver las cosas buenas que Dios les había prometido (Jeremías 29). No quiero decirles que para lo que sueñas o esperas tendrás que esperar tiempos similares, pero debes entender que ocurrirá cuando Dios lo disponga y sea bueno para ti. Lo importante es pararse firme y seguir hacia adelante, obedeciendo las instrucciones de Dios, oyendo su voz y confiando en Él. *"Porque yo sé muy bien los planes que tengo para ustedes - afirma el Señor, planes de bienestar y no de calamidad, a fin de darles un futuro y una esperanza".* (Jeremías 29:11). Hay que seguir sin ofender la Santidad de Dios. Y sobre todo no dejar que la ira y el descontrol dominen tu vida. Permite que sea Dios el que tenga el control en toda área de tu vida. Pero tienes que decidirlo, recuerda que Dios nos dio libre albedrío. Tú lo permites o no. ¿Qué decides? ¿Te quedas mirando desde Pisgá o cruzas el Jordán y llegas a tu tierra prometida? Lo que puedo asegurarte es que, si decides cruzar, Dios estará en todo momento contigo, como en un momento dado Él prometió a Josué en Deuteronomio 31:8. *"El Señor mismo marchará al frente de ti y estará contigo; nunca te dejará ni te abandonará. No temas ni te desanimes"*.

¡AMÉN! *¡Amén!* ¡AMÉN!

Niégate a enganchar los guantes

"La seguridad del creyente **no** reside en la ausencia de peligros, **sino en la presencia de Dios**".
-María Elisa Rodríguez

Hace unos días estaba en un lugar, esperando por un servicio y me encontré con una señora muy conversadora. Ella comenzó a contarme que estuvo a punto de que una persona de edad avanzada le chocara el carro. Y me dijo: "¿Cómo es posible que dejen manejar a personas de esa edad? A mi papá, cuando vimos que ya no podía manejar, le quitamos las llaves. Uno tiene que saber cuándo "**enganchar los guantes**".

Yo me pregunto, en nuestra vida de cristianos, ¿cuándo debemos enganchar los guantes? ¿Ya usted contestó? Ahora, te doy mi contestación: NUNCA. Mientras tengamos un hálito de vida debemos dar lo mejor de nosotros, según nuestras posibilidades, para seguir expandiendo el Reino de

Dios. Este suceso me trajo a la memoria algo que leí sobre el padre del Pastor Rick Warren (quién también fue pastor), que cuando estaba en sus últimos días de vida lo único que salía de su boca era: "un alma más para Cristo". ¡Qué impresionante! Aún cuando estaba en sus últimos días, lo que él pensaba era en seguir llevando almas a la salvación.

El Salmo 23:3 dice: *"me infunde nuevas fuerzas…"* Dios nos da nuevas fuerzas cada día para que cumplamos con el propósito, con la tarea que Él diseñó para cada uno de nosotros, si cumplimos con lo que nos corresponde. En Gálatas 6:9 Dios nos dice: *"No nos cansemos de hacer el bien, porque a su debido tiempo cosecharemos si no nos damos por vencidos* (o sea si no enganchamos los guantes)". De esa manera, veremos la cosecha. Salmos 27:13 nos dice: *"Pero de una cosa estoy seguro: he de ver la bondad del Señor en esta tierra de los vivientes".*

Eso sí, Dios en su Palabra siempre le da énfasis al amor. 1 Corintios 16:14 nos dice: *"Hagan todo con amor".* El da mucha importancia a cómo vamos a tratar a nuestros hermanos. Mateo 7:12 dice: *"Así que en TODO traten ustedes a los demás tal y como quieren que ellos los traten a ustedes…"* Fíjense que dice en todo. Y todo es todo, no hay excepción. Cuando sean situaciones súper chéveres, pero también cuando son difíciles de manejar. Por eso, es importante siempre estar en comunión con Dios para que Él nos dirija en nuestro andar.

Aunque a veces el cielo se torne un poco gris, **no pienses en enganchar los guantes.** Porque hay múltiples maneras en las que puedes cumplir con el propósito de Dios que es hablarle de alguna forma a otros de Jesús, que lo conozcan y lo acepten como su Salvador. Así que sigue adelante y repite conmigo:

"Todo lo puedo en Cristo que me fortalece"
(Filipenses 4:13).

Te bendigo en el nombre de Jesús y…
¡No enganches los guantes!

¡AMÉN! ¡Amén! ¡AMÉN!

No le temas a la pared

En dos ocasiones en mi vida, por distintas circunstancias, me ha tocado manejar por carreteras que al transitarlas siento, literalmente, que voy subiendo por una pared. ¿A usted le ha ocurrido algo así? Son carreteras que tienen una inclinación tan recta, que dan esa sensación. Y cuando uno va por ellas, por lo menos en mi caso, llega un punto dónde me da, por un momento, una sensación de miedo, siento que el vehículo se va a ir para atrás. La sensación no es agradable. Pero cuando logramos llegar al final la sensación cambia y entonces te sientes como si hubieras conquistado el Everest. Sientes que triunfaste. Sientes que puedes lograr todo. Sientes que no hay obstáculos para ti... Así mismo ocurre en la vida.

En ciertas circunstancias sientes que vas a subir una pared, por lo difícil y complicado del momento. Temes que todo puede irse para atrás, con resultados devastadores para tu vida. Llega el momento que te quedas sin fuerzas para continuar...

piensas en quedarte ahí y no proseguir. Pero sabes, eso no es cierto. Aunque lo experimentes, no es cierto. Tú sí tienes fuerzas para proseguir, porque tu fuerza no proviene de ti, no proviene de lo que te rodea, no proviene de tus circunstancias, no proviene de las personas que te rodean, no proviene de esas personas que no están y que tal vez hayas pensado que si estuvieran en tu vida todo sería diferente... eso es falso. Tu fuerza proviene de Dios. Él es la fuente de vida. Él es tu origen. Él es tu Diseñador. Él es tu Creador. Él es tu Padre.

Salmos 18:32 dice: *"Es él quien me arma de valor y endereza mi camino;"* De Él proviene tu gozo, solo de Él.

"Al encontrarme con tus palabras, yo las devoraba; ellas eran mi gozo y la alegría de mi corazón, porque yo llevo tu nombre, Señor, Dios Todopoderoso" (Jeremías 15:16).

Claro, el enemigo pondrá en tu mente pensamientos incorrectos para que te detengas ante esa pared. Pero con Dios tú saltarás los muros. Con Dios derribarás ejércitos. Salmos 18:29 dice: *"Con tu apoyo me lanzaré contra un ejército; contigo, Dios mío, podré asaltar murallas".* Si confías, Él adiestrará tus manos para la batalla... Salmos 18:34 dice*: "adiestras mis manos para la batalla, y mis brazos para tensar arcos de bronce".* Pero la clave está en tener fe en Él. Hebreos 10:38 dice*: "Pero mi justo vivirá por fe..."* Con la fe mueves montañas. Con la fe en Dios puedes lograr todo aquello que sea para tu bien. Hebreos 11:1 dice: *"Ahora bien, la fe es la garantía de lo que no se ve"*.

En tu vida no puede haber cabida para el temor. Cuando te enfrentas a algo "grande", es normal que sientas temor, pero debe ser cosa de segundos, porque rápido debes recordar que mayor es el que está contigo que el que está en el mundo. 1 Juan 4:4 dice: *"Ustedes queridos hijos, son de Dios y han vencido a esos falsos profetas, porque el que está en ustedes es más poderoso que el que está en el mundo"*. Y, por lo tanto, renuevas tus fuerzas en Él y sigue hacia adelante para conquistar esa pared y no temerle. El temor paraliza. No permitas eso. Agárrate de Dios y camina, conquista esa pared, saborea la sensación de triunfo y de victoria que está esperándote en la cima.

¡AMÉN! ¡Amén! ¡AMÉN!

"No, no, no ..."

Hace un tiempo tuve la oportunidad de compartir con mi ahijada menor (tengo 5 ahijados). Ella está en lo que llaman "los terribles 2". La verdad es que fue una aventura muy divertida compartir con ella durante varios días, lo disfruté un montón. Uno de esos días la acompañé a una cita médica. En la oficina había un área de juegos para los niños, rápidamente ella se instaló y comenzó a divertirse. Cuando le tocó su turno para atenderse, su papá le dijo: "Valentina, vamos". A lo que ella contestó: "No, no, no". La manera en que lo dijo fue tan graciosa que todos los que estábamos allí comenzamos a reír. Fue cómico de verdad. Y de momento pensé, ¿será cómico para Dios cuando le decimos: "no, no, no" a lo que Él quiere que hagamos? ¿Qué piensas tú? Nosotros, al igual que mi ahijada, llegamos a este mundo y nos instalamos, nos acomodamos, cuando en realidad la Palabra nos dice: *"No se amolden al mundo actual, sino sean transformados mediante la renovación de su mente. Así podrán comprobar cuál es la voluntad de Dios, buena, agradable y perfecta"* (Romanos 12:2).

Pienso que, tal vez, la primera vez que decimos: "no, no, no", solo tal vez, Dios se ría de vernos actuar como niños. Pero si seguimos en la misma actitud, ya no se reirá más. Así como les ocurre a ustedes, los que son padres, la primera vez es gracioso, pero luego no. Por lo cual, creo que debemos tomar tiempo para meditar en lo que Dios nos ha dicho que hagamos y a lo que seguimos diciendo: "No, no, no". En su Palabra, Dios nos dejó la gran comisión: *"Por tanto, vayan y hagan discípulos de todas las naciones, bautizándolos en el nombre del Padre, y del Hijo, y del Espíritu Santo;"* (Mateo 28:19).

Todos, como cuerpo de Cristo, tenemos una parte en este gran mandato. ¿Qué parte te tocó a ti? No sé. Tal vez ya tú sabes cuál es, pero aún no lo estás haciendo. Así que te aliento, te animo a hacerlo y dejar de decirle a Dios: "No, no, no".

¡AMÉN! ¡Amén! ¡AMÉN!

Permite que tu corazón retumbe

Quiero hacerte recordar cuando estuviste enamorado(a). ¿Recuerdas cómo hacía tu corazón cuando veías a esa persona o escuchabas su voz? Si ahora mismo estás enamorado(a) o te gusta alguien, ¿qué ocurre cuando llega un simple mensaje de texto de esa persona? RETUMBA todo tu interior. Sientes una emoción que con palabras no puedes describir. Sientes que el mundo se te puso al revés y hasta pierdes la habilidad de dormir; es algo que no puedes o no sabes controlar.

Pues Dios desea que mayor que ese efecto, que pueda ejercer una persona en tu vida, sea el efecto que tenga Él en tu vida. Dios desea que entiendas que tu dependencia hacia Él debe ser total. Tienes que saber que, sin Dios, tu mundo está al revés, que sin Él puedes perder la capacidad de dormir, ya que en vez de tener pensamientos relacionados a Él o a su Palabra, tu mente estará llena de ideas creadas por el enemigo, las cuales te traerán ansiedad, dolor, preocupación, inestabilidad, tristeza, inquietud y mucho más.

"Vengan a mí todos ustedes que están
cansados y agobiados, y yo les daré descanso"
(Mateo 11:28).

Dios anhela ser el centro de tu vida. Dios quiere ser la razón para que tu vida se salga del orden que has establecido y se alinee al de Él. Su orden es perfecto. Juan 6:35 dice*: "Yo soy el pan de vida-declaró Jesús-".* Dios quiere que lo ames a Él por encima de todo y todos. Mateo 22:37 nos dice: "*Ama al Señor tu Dios con todo tu corazón, con todo tu ser y con toda tu mente..."* Quiere que ames a los demás como a ti mismo, por lo cual debes saber amarte. Mateo 22:39 dice: *"...Ama a tu prójimo como a ti mismo".* ¿Sabes amarte? ¿Cómo te tratas? ¿Piensas en ti de vez en cuando? ¿O estás tan ocupado colocando a los demás en primer lugar que te dejas a ti para el final? Analiza.

Dios quiere que lo ames a Él primero, que te ames a ti segundo, y si aprendes a amarte, entonces podrás amar a los demás y ser de ayuda para ellos. Permite que Dios retumbe tu vida. Permite que su Espíritu Santo te estremezca. Permite que Dios quite tu autoridad y coloque la de Él. Permite que Dios sea el capitán de tu barco y así, tanto tú como los tuyos, serán llevados a puerto seguro. Permite que tu corazón comience a latir sin control, sin medida por el dador de la vida, por el Gran Yo Soy.

Que, de hoy en adelante, en el nombre de Jesús, tu corazón retumbe al entender que Él es la fuente de tu vida y que solo le perteneces a Él.

¡AMÉN! ¡Amén! ¡AMÉN!

¿Quieres observar o quieres actuar?

Desde que te levantas en la mañana estás observando todo aquello que hay a tu alrededor: el techo, las paredes, el bendito reloj sonando, tu esposo(a), tus hijos, etc. Pero te pregunto: ¿Tú solo observas o actúas?   Puede ser que me contestes: "También actúo". Claro, hay que levantarse, recoger cama, preparar desayuno, preparar a los niños, arreglarse para ir al trabajo…etc. ¡Wao! ¡Qué mucho hay que hacer en un día! Y con el perdón de los hombres, ¡qué mucho hacemos las mujeres! ¡Demasiadas cosas! Y eso está muy bien, hay que actuar. Ahora te pregunto: ¿Así eres en el plano espiritual?, ¿Así eres como hijo de Dios?, ¿Así eres como cristiano?, ¿Así eres como parte del cuerpo de Cristo?, ¿Cuál es tu función: observar o actuar?

Hay muchas personas que se han quedado solo observando. Si eres una de ellas, te tengo noticias: Dios no te ha llamado solo a observar. Él no quiere que seas un espectador, Él quiere que seas actor, que seas parte de la función. 2 Corintios 2:14

nos dice: *"Sin embargo, gracias a Dios que en Cristo siempre nos lleva triunfantes y, <u>por medio de nosotros, esparce por todas partes</u> la fragancia de su conocimiento"*. Lea nuevamente lo subrayado: <u>por medio de nosotros</u>, <u>esparce</u>. ¿Se dio cuenta? Tiene una labor que hacer. No es quedarse observando como el mundo sigue su rumbo hacia la destrucción. Hay que entrar en escena. Puede que te preguntes y pienses: "Pero, ¿cómo? Yo no tengo tiempo, no tengo dinero para repartir, a penas puedo con mis gastos, no hablo en público, no sé enseñar..." ¡Qué mucho debe haber pensado! ¡Y todo en segundos! Pero así es el ser humano.

Te voy a explicar, con el "simple" hecho de que saques tiempo para estar en intimidad con Dios, te llenes de su Espíritu Santo, de su favor, su gracia, su paz, de su Palabra y le permitas usarte como instrumento donde quiera que vayas, ya estás actúando, no solo observando. Con tu ejemplo: cómo piensas y te comportas, cómo le hablas al mundo, le anuncias que Dios tiene un amor inmenso, infinito por la humanidad y que solo quiere que le abran sus corazones para Él entrar. Si te llenas de Dios, creces, maduras en su Palabra y, al hacer esto, crece tu fe.

"Así que la fe viene como resultado de oír el mensaje y el mensaje que se oye es la palabra de Cristo" (Romanos 10:17).

Si te llenas de Él, puedes ser su reflejo aquí en la Tierra. Pero para esto debes renunciar a tu YO (el que te dice: no hagas nada, ignora, eso no es contigo, ya bastantes cosas tienes...) y permitir que sea Dios quien more en ti, actúe en ti y llegue a otros por medio de ti. Mateo 28:19 nos dice: *"Por tanto, vayan y hagan discípulos de todas las naciones bautizándolos en el nombre del Padre y del Hijo y del Espíritu Santo".*

Para esta Palabra debes recordar que eres parte del cuerpo de Cristo. ¿Por qué? Porque esto no significa que todo lo que dice ahí lo vas a hacer tú solo. Como somos un cuerpo, tal vez tú, con tu ejemplo, conducta, forma de hablar, harás que quien te vea, se enamore de lo que hay en ti y quiera tenerlo también. Ahí le picará la curiosidad, te preguntará, tú le hablarás de Dios, lo invitarás a la iglesia y el resto del versículo ocurrirá cuando la persona pise por primera vez el lugar en que te congregas. Y no todo lo hiciste tú, pero sin tu primera actuación (tu ejemplo), no hubiese sido posible.

Así que te invito a que dejes de observar lo que ocurre a tu alrededor y comiences a actuar. Primero ocupándote de ti, busca de Dios, para que Él transforme tu vida. Para que esa transformación, ese cambio, lo vea todo aquel que te rodea y quiera tener eso que hay en ti. Alaba a Dios, adóralo, ora, lee su Palabra para que el río de su Espíritu Santo corra en ti, pero de una manera tal que, se salga de su cauce y llegue a otros.

Prepárate, estudia tu libreto para que tu actuación aquí en la Tierra sea una que impacte a otros, produzca cambios en todos aquellos que están cerca de ti y se rindan a los pies de Cristo. Te bendigo en el nombre de Jesús.

¡AMÉN! ¡Amén! ¡AMÉN!

Saca lo mejor de cada contratiempo

Hace mucho tiempo, un rey colocó una gran roca obstaculizando un camino. Entonces se escondió y miró para ver si alguien quitaba la tremenda piedra. Algunos de los comerciantes más adinerados del rey y cortesanos vinieron, pero simplemente dieron una vuelta alrededor de la roca, sin ni siquiera intentar moverla. Muchos culparon al rey de no mantener los caminos despejados, pero ninguno hizo algo para sacar la piedra del camino. (Así somos muchos de nosotros. Le echamos la culpa y la responsabilidad de nuestras situaciones a terceros, pero no nos detenemos a ver cuál ha sido nuestra falla, para aprender de ella y poder seguir hacia adelante). Cierto día, pasaba un campesino que llevaba una carga de verduras; al aproximarse a la roca, puso su carga en el piso y trató de moverla hacia un lado del camino. Después de empujarla y fatigarse mucho, lo logró. Mientras recogía su carga de vegetales, notó que en el suelo había una cartera, justo donde había estado la roca. La cartera

contenía muchas monedas de oro y una nota del rey
que indicaba que el oro era para la persona que
moviera la piedra del camino. El campesino
aprendió lo que los demás nunca entendieron: cada
obstáculo muestra una oportunidad para mejorar la
condición de cada uno. ¡Qué bueno que no estamos
solos! Podemos sobrepasar los obstáculos y vencer
los problemas, ya que tenemos a Aquel que nos guía
por el camino recto, Dios.

₂Reflexión: La roca en el camino
Paola Graziano
Psicología Estratégica

₃**Contratiempo-** Accidente o *suceso inesperado que retrasa o impide hacer lo que se desea.*

Asistí a la boda, de una chica a la que aprecio mucho. Soy amiga de su mamá, así que, estuve enterada de los preparativos para dicha ocasión. Los novios, ambos cristianos y líderes en su iglesia, tuvieron un noviazgo durante cinco años. Ambos habían completado sus estudios universitarios. Todo el panorama estaba perfecto para su unión matrimonial, pero tan pronto empezaron los preparativos para la boda, comenzaron a llegar los contratiempos.

Por ejemplo: la persona que iba a peinar a la novia canceló. Tuvieron que buscar rápidamente a una persona para esta labor. La costurera que iba a hacer los trajes de las damas, los hizo, pero cuando los recogieron, estaban todos mal hechos. Tuvieron que buscar otra costurera y comprar más telas para arreglarlos. La persona que los iba a casar, a última hora, les dijo que no. Y una semana antes de la boda, la novia cayó en el hospital por un dolor de piedra. Súmale a todo esto, la tensión y ansiedad que, de por sí, provoca una ocasión como esta. ¿Difícil verdad? La madre de la novia me dijo en un momento dado: "Que sea lo que Dios quiera, ya no aguanto más". Una reacción muy natural en nuestra humanidad, ya que nos cansamos, más aún, si viene todo a la vez.

Pero, ¿saben qué? El día de la boda fue hermoso. Los novios, se veían radiantes y todas las personas que los apreciaban y amaban se dieron cita para ser testigos del suceso y bendecirlos. Estoy segura que de todos estos contratiempos y de los que no llegué a saber, fueron motivo de aprendizaje. Sin embargo, fue un tiempo dónde tuvieron que agarrar la palabra que tenían y declararla en voz alta. Tal vez utilizaron el Salmo 23.

"El SEÑOR es mi pastor, nada me falta: en verdes pastos me hace descansar. Junto a tranquilas aguas me conduce; me infunde nuevas fuerzas. Me guía por sendas de justicia por amor a su nombre. Aún si voy por valles tenebrosos, no temo peligro alguno, porque tú estás a mi lado; tu vara de pastor me reconforta. Dispones ante mí un banquete en presencia de mis enemigos. Has ungido con perfume mi cabeza; has llenado mi copa a rebosar. La bondad y el amor me seguirán todos los días de mi vida; y en la casa del SEÑOR habitaré para siempre".

Este Salmo es mi favorito. Lo digo cada día y noche, como parte de mi oración. Por lo general, este Salmo lo asocian con velorios. La verdad es que en procesos tan difíciles como la pérdida de un amigo o familiar este Salmo es muy útil. Vamos a hablar un poco de este Salmo. En la primera parte David nos dice que: *El SEÑOR es mi pastor, nada me falta.* Nos recuerda que somos ovejas y que Dios cuida de nosotros, su rebaño. Por lo cual, si el enemigo viene, tal vez podrá inquietarnos un poco con sus acciones, pero la realidad es que al final él es el que sale corriendo. Porque el que nos cuida es EL GRAN YO SOY, Jehová de los ejércitos. Por lo cual tenemos que dejar que sea el Señor quien dirija nuestros pasos.

Luego el salmo dice: *en verdes pastos me hace descansar. Junto a tranquilas aguas me conduce.* En Dios está nuestro reposo, nuestra paz nuestro descanso. En medio de la tormenta, de las circunstancias que tenemos que enfrentar, Dios nos hace un oasis para que nos refresquemos, descansemos y recobremos las fuerzas para seguir hacia adelante. Además, nos da buen alimento. ¿Cuál? Pues su Palabra. Ese es nuestro pan de vida. Ahí podemos encontrar respuestas a nuestras preguntas, dudas y consuelo para cada situación que podamos pasar. Por ejemplo: si sientes miedo (lee el Salmo 27), estás enojado (lee Proverbios 15:1), te sientes deprimido (lee el Salmo 16) y así sucesivamente, encontramos respuesta para TODO en la Palabra de Dios. Isaías 26:3 nos dice: *"Al de carácter firme lo guardarás en perfecta paz, porque en ti confía".*

Volvamos al Salmo 23, ahora dice: *me infunde nuevas fuerzas* (En la versión RV dice: "Confortará mi alma.") *Me guía por sendas de justicia por amor a su nombre".* Nuestra alma. ¿Qué es el alma? Es el soplo de vida donde residen nuestras emociones. Fíjate que dice que Dios la restaura, pues es así, ya que cuando vivíamos sin Dios, estábamos llenos de odio, tristeza, coraje, amargura, envidia, maldad... Pero cuando Jesús vino a morar en nosotros, su Espíritu Santo comenzó a trabajar con nuestra alma y cambiar todo lo antes mencionado por el fruto del Espíritu: amor, gozo, paz, paciencia, benignidad, bondad, fe, mansedumbre y templanza (Gálatas 5:22).

En el Salmo 121: 1-7 encontramos lo siguiente: *"A las montañas levanto mis ojos; ¿de dónde ha de venir mi ayuda? Mi ayuda proviene del Señor, creador del cielo y la tierra. No permitirá que tu pie resbale; jamás duerme el que te cuida. Jamás duerme ni se adormece el que cuida de Israel. El Señor es quien te cuida, el Señor es tu sombra protectora. De día el sol no te hará daño, ni la luna de noche. El Señor te protegerá; de todo mal protegerá tu vida. El Señor te cuidará en el hogar y en el camino, desde ahora y para siempre".* Dios tiene cuidado de ti, de tu ser, en todas tus áreas. Dios cuida de tu integridad como ser humano, solo tienes que tener tus pensamientos perseverando en Él.

Dios nos lleva por senderos de justicia. La justicia es: cualidad o virtud de proceder o juzgar respetando la verdad y de poner en práctica el derecho que asiste a toda persona a que se respeten sus derechos, que le sea reconocido lo que le corresponde o las consecuencias de su comportamiento. Fíjate que no solo implica que Dios te va a defender para que otros te respeten por ser su hijo, sino que incluye también las consecuencias de nuestros actos. Nosotros, como hijos de Dios, tenemos que ser justos. Dios es justo. *"Justo es el Señor, y ama la justicia; por eso los íntegros contemplarán su rostro"* (Salmo 11:7). *"...y su justicia permanece para siempre"*. (Salmo 112:3).

Y continuando con el Salmo 23, esta es mi parte favorita: *Aún si voy por valles tenebrosos, no temo peligro alguno porque tú estás a mi lado; tu vara de pastor me reconforta.* Aunque nos cubra la sombra de muerte, no tendremos miedo porque reconocemos que Dios está con nosotros. Esta parte uno la lee y lee, la repite y repite, pero a la hora de la verdad, nos traicionan los nervios.

Una vez decidí ir a buscar las cartas al buzón. Este no queda muy lejos de mi casa, así que decidí ir caminado. Cuando regresaba, de repente, sentí una presencia. Cuando miré hacia atrás había un perro Rottweiler (era de mi vecino) que venía detrás de mí. Traté de controlar mis nervios y de inmediato comencé a decir en mi mente el Salmo 23. Logré llegar a mi casa y entrar, pero mis piernas casi no podían soportar el peso de mi cuerpo por lo mucho que me temblaban. Mi reacción física fue natural, pero mi mente rápido se agarró de la Palabra. La realidad es que debemos seguir leyéndola, repitiéndola y declarándola hasta que deje de ser logo (lo escrito) y se convierta en rhema (revelación) en nuestra vida. Que entendamos que Dios es nuestro escudo y protección, y ¿quién contra eso?

En parte, David le habla a Dios de tú a tú, él le dijo: porque tú estás a mi lado. Así que le habla directamente a Dios. Y así le sigue hablando por un ratito más. Continuemos: *tu vara de pastor me reconforta.* Debemos estar tranquilos con solo recordar que Dios es quien nos defiende. Aquí habla de vara y callado (versión RV), habla de la autoridad y la defensa que tiene Dios en nuestras vidas y en todo cuanto existe. Dios es la suprema autoridad y si Él está con nosotros, pues ¿quién pude ir sobre eso? NADA ni NADIE. Pero también nos habla de disciplina, corrección. Porque a los hijos se les disciplina y corrige para que tengan un buen futuro, y así es Dios con nosotros. Por ejemplo, Proverbios 1:8 dice: *"Hijo mío, escucha las correcciones de tu padre y no abandones las enseñanzas de tu madre".* Proverbios 4:10 nos dice: *"Escucha, hijo mío; acoge mis palabras, y los años de tu vida aumentarán".* Y así, puedes seguir leyendo en Proverbios otros versículos que nos hablan de la importancia de la disciplina a los hijos y la obediencia de estos. Lo mismo ocurre con nosotros y el Señor. Él nos corrige y nosotros debemos escucharlo atentamente y obedecerlo. Ya que, por ser humanos, siempre queremos hacer las cosas a nuestra manera y olvidamos el camino de Dios.

₄Max Lucado es uno de mis autores favoritos, en su libro **Aligere su equipaje** nos dice que por nuestra condición humana queremos aferrarnos a la autosuficiencia y si hacemos esto, en vez de vivir el Salmo 23, según está plasmado en la Biblia, viviríamos una versión del salmo que diría así:

"Yo *soy mi pastor. Siempre padezco necesidad. Voy de comercio en comercio y de sicólogo en sicólogo en busaca de alivio. Me arrastro por el valle de sombra o muerte y me desmorono. Le temo a todo desde los pesticidas hasta las líneas eléctricas... Voy a la reunión semanal del personal y estoy rodeado de mis enemigos. Voy a casa y hasta mi pez de colores me desprecia. Unjo mi cabeza con Tylenol extra fuerte. Mi Bacardí está rebosando. Ciertamente la miseria y la desdicha me seguirán, y viviré dudando de mí por el resto de mi solitaria vida".* ¿Y por qué vivir de esta manera, si podemos vivir la hermosa versión que Dios nos dejó en su manual de instrucciones para la vida, la Biblia?

El versículo 5 del Salmo 23 dice: *Dispones ante mí un banquete en presencia de mis enemigos. Has ungido con perfume mi cabeza; has llenado mi copa a rebosar.* Dios nos invita a comer con Él y hacer alianza. Además, nos unge, por lo cual nos da poder sobre, nuestras circunstancias, poder sobre nuestros enemigos, nuestras tormentas, tristezas, conflictos... sobre todo lo que nos quiera perturbar nuestra paz, que es la paz de Dios. Por eso, debemos estar en intimidad con Él todos los días de nuestra vida para que nuestra copa siempre esté rebosando y nunca se seque. Hay una alabanza en la que le cantamos a Jesús diciendo: *"... tu copa no se secará"*. Pues, hay que trabajar arduamente, día a día, para que así sea.

Y el versículo 6 dice: *La bondad y el amor me seguirán todos los días de mi vida; y en la casa del Señor habitaré para siempre.* Mire que hermoso, termina diciendo que Dios nos cubre con su bien, su misericordia y que viviremos en su casa, en su presencia por largos días. Nosotros sabemos que iremos a vivir por la eternidad, o sea, para siempre con Dios. Por lo cual, si seguimos buscándole en espíritu y en verdad, siendo fiel a Él (aunque a veces podamos caer). Entonces, su bien y misericordia estarán con nosotros para siempre. Dios es bueno.

Así que, no importa qué contratiempo nos quiera molestar. Tal vez pensamos que es un contratiempo y es Dios cuidándonos, guardándonos de algún peligro. Por ejemplo, cuando vamos un poco ligerito en la carretera y aparece, de la nada "una tortuga", nos desesperamos, pero puede ser Dios haciéndote frenar porque algo podía pasarte si seguías igual de rápido. Esos contratiempos también pueden ser lijas para nuestro carácter, para limar esas asperezas que siguen ahí, que no se han querido ir o no las hemos querido dejar ir. Pero no deberían estar porque no nos permiten pasar al nuevo nivel espiritual y personal que Dios quiere que alcancemos.

De cada contratiempo saca lo mejor. Cuando lo estés viviendo recuerda que eres parte de un rebaño, Jehová es tu pastor y nada te faltará. Con Él tienes todo y más.

¡AMÉN! ¡Amén! ¡AMÉN!

Sacando lo que no le pertenece a Dios

Mientras tuve que esperar por muchas horas a que mi mamá fuera intervenida quirúrgicamente, reflexioné sobre nuestro cuerpo. Y cómo en él crecen o aparecen cosas que, a través de una operación, pueden ser quitadas y no nos molestan más. Entonces, pensé que sería genial si así se pudiera hacer con los malos recuerdos, enojos, frustraciones, sinsabores… simplemente hacer una cirugía, sacarlos y no sentirlos más.

Pero la realidad es diferente. Hay tantas cosas guardadas en nuestro interior que no se pueden quitar fácilmente. Pero fíjate, dije fácilmente, no dije que fuera imposible. ¿Por qué? Porque para Dios **nada es imposible** (Lucas 1:37). Si nos entregamos completamente a Él, seremos transformados, de adentro hacia afuera. Es bien importante tener la actitud correcta todo tiempo. Porque si nos mantenemos en la posición de vivir en el pasado, sin querer perdonar el daño que nos hayan hecho, sufriendo por lo que no pudo ser y permitiendo al enemigo que trabaje en nuestra mente, entonces no podemos esperar el milagro de Dios en nuestras vidas. Antes de aceptar al Señor, tal vez tuviste muchas experiencias no gratas en tu vida, pero con tu nuevo nacimiento ya no debes ver tu pasado con dolor, rencor ni tristeza. Debes dejarlo donde está, en el pasado. Y si lo recordaras, sería simplemente para ver de dónde Dios te ha sacado. Si te hicieron daño, debes tomar la decisión de perdonar, no por la otra persona, sino por ti. Salmo 32:3 nos dice: *"Mientras guardé silencio, mis huesos se fueron consumiendo por mi gemir de todo el día"*. Proverbios 17:22 dice: *"Gran remedio es el corazón alegre, pero el ánimo decaído seca los huesos"*. Quiere decir que mientras no quieras ser libre de tu dolor, aflicción, falta de perdón… a quién le hace daño todo esto es a ti, solo a ti. Mientras no te liberes, eso te consumirá por dentro.

Tu liberación viene de Dios, del poder de su Espíritu Santo, pero la decisión es tuya. Dios te ama, pero hay cosas que no le pertenecen. *"Concentren su atención en las cosas de arriba, no en las de la tierra, pues ustedes han muerto y su vida está escondida con Cristo en Dios"* (Colosenses 3:2-3). No puedes dejarte llevar por el vaivén de esta vida. Tienes que estar firme, permanecer en las cosas de Dios para ser más que vencedor. *"Cristo nos libertó para que vivamos en libertad. Por lo tanto, manténgase firmes y no se sometan nuevamente al yugo de esclavitud"* (Gálatas 5:1). Así estás cuando no sacas de tu ser lo que no le pertenece a Dios, eres esclavo de este mundo, al cual no perteneces y de las artimañas del enemigo que está siempre rondando para matar y destruir. **¡No lo permitas! ¡No le des cabida al enemigo en tu vida! ¡Vive libre!**

Salmo 85:8 dice: *"Voy a escuchar lo que Dios el Señor dice: él promete paz a su pueblo y a sus fieles, siempre y cuando no se vuelvan a la necedad".* No vuelvas atrás, sigue hacia adelante, con tu vista fija en Jesús. Él es el camino, la verdad y la vida. Llénate de su paz.

"Y la paz de Dios que sobrepasa todo entendimiento, cuidará sus corazones y sus pensamientos en Cristo Jesús" (Filipenses 4:7).

Te bendigo en el nombre de Jesús.

¡AMÉN! ¡Amén! ¡AMÉN!

Ánimo

Presta atención a estas 6 pequeñas historias que te comparto a continuación:

1- Un día los hombres del pueblo decidieron orar para pedir que lloviera. El día de la oración, toda la gente se reunió, pero solo un niño llegó con sombrilla. Eso es fe.

2- Cuando avientas un bebé en el aire y se ríe es porque sabe que lo atraparán de nuevo.
Eso es confianza.

3- Cada noche nos vamos a dormir, sin la seguridad de que estaremos vivos a la mañana siguiente y, sin embargo, ponemos la alarma para levantarnos. Eso es esperanza.

4- Hacemos grandes planes para mañana a pesar de que no conocemos el futuro en lo absoluto. Eso es seguridad.

5- Vemos el sufrimiento en el mundo y a pesar de ello nos casamos y tenemos hijos. Eso es amor.

6- Había un anciano con la siguiente leyenda escrita en su camiseta: "No tengo 70 años. Tengo 16 con 54 años de experiencia". Eso es actitud.

Vive tu vida así: con fe, confianza, esperanza, seguridad, amor y actitud.

Tarea: Vive a plenitud tu vida, pero siempre bajo la gracia de Dios.

Si confías en Dios puedes descansar

En Puerto Rico, cada cuatro años, atravesamos un proceso muy importante para cada uno de nosotros como miembros de un pueblo, de un país: las elecciones.

Todos tenemos nuestros ideales y muchos ejercemos el derecho al voto. Pero cuando llegan los resultados, algunos se alegran y otros no. Me impresionó mucho el efecto que tuvo en Estados Unidos los resultados de las elecciones del 2016 cuando Donald Trump fue electo presidente de esa nación. Tal fue el impacto para su gente que la página de internet de inmigración de Canadá colapsó, la Bolsa de Valores tuvo una baja impresionante y miles de personas en E.U. salieron a las calles para protestar por lo que había sucedido. Fue un caos con repercusiones a nivel mundial.

Y yo, en una minúscula parte del planeta Tierra observando lo que ocurría. Luego de observar, oré e intercedí. Esta situación me hizo cuestionarme: ¿Dónde está puesta nuestra confianza? ¿Hasta qué punto, fuera de control, puede llegar el hombre? Dios, ¿por qué no te miran a ti y no te ven como la primera opción? ¿Por qué no ponen su confianza en ti?, ¿Por qué no descansan en ti?

2 Crónicas 7:14 dice: *"si mi pueblo, que lleva mi nombre, se humilla y ora, y me busca y abandona su mala conducta, yo lo escucharé desde el cielo, perdonaré su pecado y restauraré su tierra"*. La Palabra de Dios siempre nos dice qué hacer y nos muestra lo que vamos a obtener. Cuando oramos y nos humillamos delante de Dios le estamos diciendo que nuestra confianza está en Él. Y entonces obtenemos beneficios, bienestar de parte de Dios, quien nos hace descansar. Es como en los trabajos, usted cumple con sus responsabilidades y recibe ciertos beneficios: sueldo, bonificaciones, aumentos, menciones honoríficas…etc. Si así es en nuestro trabajo secular, aún más cuando le obedecemos a Dios.

Dentro de toda esta tormenta de ideas, una persona me hizo esta pregunta: Noemí, ¿qué es la Biblia para ti? (¡Wao! Justo en estos momentos). Le contesté: Te podría contestar con lo que dicen muchas definiciones: la Biblia es una colección de libros. Pero no, para mí la Biblia es mi verdad y es mi libertad.

Cuando buscamos en el diccionario la definición de **confianza**, dice lo siguiente:

1) Esperanza firme que una persona tiene en que algo suceda, sea o funcione de una forma determinada, o en que otra persona actúe como ella desea.
2) Seguridad, especialmente al emprender una acción difícil o comprometida.

Si todas las personas pudieran entender cuál es su origen, tendrían su confianza precisamente ahí, en ese origen, en Dios. Ahí también tendrían su sentido de seguridad. Salmos 62:5 dice: "*Sólo en Dios halla descanso mi alma; de él viene mi esperanza*".

Cuando leemos el significado de **descansar** vemos lo siguiente:

1) Reponerse (una persona) del cansancio.
2) Hacer una pausa en el trabajo o en otra actividad para recuperar fuerzas.
Salmos 23:2 "*en verdes pastos me hace descansar, junto a tranquilas aguas me conduce*".

Génesis 2:2 dice: "*Al llegar el séptimo día, Dios descansó porque había terminado la obra que había emprendido*". Si Dios descansó, ¿cómo no vamos a descansar nosotros de las circunstancias de la vida?

Entonces, el ser humano entendería que en su origen es que está la fuerza para reponerse del cansancio, del agobio, de las presiones, de las responsabilidades… Entenderían que todos necesitan una pausa de su vida agitada, necesitan un respiro, necesitan un momento de relajación para poder aclarar sus ideas y seguir hacia adelante con las cosas que componen, que forman y nutren su vida.

Un día tuve una conversación con una amiga que quiero mucho y conozco desde que somos niñas. Pero antes de esa conversación, habíamos hablado de la necesidad que yo percibía. Sentía que ella debía buscar sacar un tiempo para relajarse. En aquel momento me dio todas las excusas y explicaciones posibles de por qué no podía hacer eso. En ese momento mantuve silencio y no dije nada más. Fue tiempo de guardar silencio.

Eclesiastés 3:1 dice: *"Todo tiene su momento oportuno…"* Recuerde que hay tiempo para todo. Cuando volvimos a conversar ella me dijo: "Noemí, siento que me ahogo". Para mí fue tan triste escucharla hablar así. Pero Dios me indicó que era el momento de hablar. Ahí comencé a hablarle sobre Dios. Ella tiene su base cristiana. Le hablé de la importancia de que ella tenga su relación con Dios, de leer su Palabra, de confiar en Él. Ella escuchó, luego comenzaron los peros… y en un momento dado, le dije: "sabes, tal vez tienes mucho que hacer y resolver, pero gracias a Dios despiertas cada día, respiras, tienes la bendición de ser madre… ¿Por qué no puedes sacar, aunque sean 5 minutos en las mañanas para hablar con Él y leer un versículo de la Biblia? Si lo hicieras, verías la diferencia que haría en tu vida". Sé que estaba molesta porque la confronté. Al otro día, intercedí por ella y Dios me dio esta Palabra para mi amiga, pero que nos aplica a nosotros también. *"Confía en el Señor de todo corazón, y no en tu propia inteligencia. Reconócelo en todos tus caminos y el allanará tus sendas"* (Proverbios 3:5). Le envié un mensaje con ese verso y ella solo me contestó con el emoji de la carita con una lágrima. Sé que la Palabra le llegó porque se la envió Dios. Luego me escribió para contarme cómo ciertas cosas en su día habían tenido un buen resultado y me dijo:

"Pequeñas victorias gracias a Él". Y yo le escribí: "Dios es bueno y fiel".

La clave está en entender que no importa la situación que atravesemos nuestra confianza y descanso debe estar en Dios. 2 Corintios 12:9 Dios nos dice: *"pero él me dijo: Te basta con mi gracia, pues mi poder se perfecciona en la debilidad"*. ¿Te das cuenta? Mientras estemos en la Tierra vamos a pasar circunstancias difíciles, pero tenemos que entender que no podemos resolver nada sin Él. Recordemos que vivimos bajo su favor y su gracia. Dios nos da la sabiduría, la inteligencia, el conocimiento para vivir nuestras vidas (Proverbios 2:6).

Tal vez hay días en los que te sientas inquieto, temeroso por lo que sucede en nuestros países y la política. Tal vez, por circunstancias de la vida, te has sentido como mi amiga: que te ahogas. Pero, ¿sabes qué? La solución a todo esto la tienes a tu alcance. Usa tu boca para adorar, para bendecir a Dios, cuéntale cómo te sientes, lo que estás pasando y declara su Palabra. Dios te hablará a través de ella. Te dará paz, consuelo, ánimo, fuerzas, energía, dirección, inteligencia, sabiduría, conocimiento, estabilidad emocional y espiritual. Luego háblale a tus circunstancias con autoridad y poder, declara las promesas de Dios. Para que ates y desates en el nombre de Jesús. Para que tus circunstancias entiendan que mayor es el que está contigo que el que está en el mundo (1Juan 4:4).

Para esto hay que ser atrevido. Hay que tener
valentía. Hay que tener confianza. Hay que tener fe.
Para luego descansar en Él. Así que abre tu boca
para decir con fuerza las cosas que no son como si
fueran, confía y descansa. Dios es real. Dios es
bueno. Dios es fiel. Dios es nuestra fuerza. Dios es
nuestro escudo. Dios es amor. Dios está vivo.
Entonces, ¿por qué poner nuestra mirada en otro
lugar que no sea Él? Vuelve tu mirada a Él. Confía
y descansa.

¡AMÉN! ¡Amén! ¡AMÉN!

¿Vieja o nueva criatura?

Alguna vez, luego de aceptar al Señor como tu Salvador, te has puesto a pensar cómo fue tu vida en el pasado. ¿Sí o no? Yo sí. Un día, mientras hablaba con una amiga a quien quiero mucho, recordé muchas cosas de mi vieja criatura. Para mí fue impresionante ver como al pasar de los años, Dios ha transformado mi vida completamente. Ha cambiado mi lamento en baile, me ha llenado de alegría. Claro, he pasado mis procesos difíciles y dolorosos, pero Dios ha estado conmigo en todo momento. Recordé cómo en el pasado podía malgastar mi tiempo, en lugares y en cosas que no valían la pena. Trataba de conseguir la salida a la inconformidad, insatisfacción y el vacío. La realidad era que podía olvidar mi verdadera realidad, por un rato, pero luego tenía que enfrentarme a ella nuevamente. En todo ese tiempo, Dios tuvo cuidado de mí y me protegió. No permitió que saliera lastimada, me guardaba, por su gran misericordia. Hoy solo puedo darle gracias a Dios por su amor y protección. Y así como lo hizo y hace conmigo, lo hará contigo. No sé en qué momento de tu vida estás: si aún no le permites a Dios que transforme y restaure tu vida o si ya estás viviendo esa transformación. Si todavía no se lo has permitido, te exhorto que des el paso y le permitas a Dios cumplir su propósito en ti. Si ya has visto esta transformación puedes comparar tu vieja criatura con el de hoy.

La vieja criatura vivía dependiendo de lo que el mundo opinaba y dejándose llevar por las presiones de la sociedad. La vieja criatura quería satisfacer a otros e imitaba lo que otros decían que era lo que estaba en moda. La vieja criatura tenía su vista enfocada en cosas materiales y en ídolos (el carro, televisor, moda, casa, trabajo y otros). Pero la vieja criatura, con el poder de Dios, rompió con todo esto. Rompió con toda cadena, ligadura que lo ataba a cosas del mundo. 1 Tesalonicenses 1:9 nos dice: *"Ellos mismos cuentan de lo bien que ustedes nos recibieron, y de cómo se convirtieron a Dios dejando los ídolos para servir al Dios vivo y verdadero".* La vieja criatura reconoce que Jesús es su Salvador, reconoce que no hay otro Dios. Reconoce que lo importante no es cuánto puedas tener, sino que lo que tengas es bendición de Dios. Reconoce que lo primero en tu vida es Él y que lo demás viene por añadidura. Reconoce la importancia de tener intimidad con Dios, y siempre darle el primado y la gloria.

Este proceso no se da de un día para otro, no termina jamás, porque la Palabra de Dios nos dice que Él nos perfeccionará hasta el día de Cristo Jesús

(Filipenses 1:6). En 2 Corintios 5:17 nos dice: *"Por lo tanto, si alguno está en Cristo, es una nueva creación. ¡Lo viejo ha pasado, ha llegado ya lo nuevo!"* ¿Qué tipo de criatura quieres seguir siendo, la vieja o la nueva? Piénsalo. Y en el nombre de Jesús, declaro que tomas la decisión correcta para tu vida. ¡Muchas bendiciones!

¡AMÉN! ¡Amén! ¡AMÉN!

¿Vives en la rama del mundo o en la rama de Dios?

Un rey recibió como obsequio, dos pequeños halcones, y los entregó al maestro de cetrería,
para que los entrenara. Pasados unos meses, el
maestro le informó al rey que uno de los halcones
estaba perfectamente, pero que al otro no sabía qué
le sucedía: no se había movido de la rama donde lo
dejó desde el día que llegó.

El rey mandó llamar a curanderos y sana-
dores para que vieran al halcón, pero nadie pudo
hacer volar al ave. Encargó, entonces, la misión a
miembros de la corte, pero nada sucedió. Al día
siguiente, por la ventana, el monarca pudo
observar, que el ave aún continuaba inmóvil.
Entonces, decidió comunicar a su pueblo que
ofrecería una recompensa a la persona que hiciera
volar al halcón. A la mañana siguiente, vio al
halcón volando ágilmente por los jardines. El rey le

dijo a su corte, "traedme al autor de ese milagro".
Su corte rápidamente le presentó a un campesino.

El rey le preguntó:
- ¿Tú hiciste volar al halcón? ¿Cómo lo hiciste?
¿Eres mago?
Intimidado, el campesino le dijo al rey:
- Fue fácil mi rey. Solo corté la rama, y el halcón
voló.
- Se dio cuenta que tenía alas y se largó a volar.

₅Reflexión: El vuelo del halcón

¿A qué rama estás agarrado? Hay dos ramas: la del mundo o la de Dios. La del mundo en un principio puede parecer muy bella. Llena de "glamour", lujos, satisfacciones pasajeras, felicidad que tendrá un final, etc. La de Dios podría parecer un poco marchita, estrecha, sin mucho *glamour*, tal vez un poco difícil por ir contra la rama mundial, pero tiene un gozo que no acaba, todo lo ganado será para la eternidad. Dicen por ahí que no te dejes llevar por la primera impresión, por lo que ves. Por ejemplo: ¿Alguna vez has conocido a alguien y la primera impresión no fue muy buena? ¿Pero luego cuando te das tiempo de conocerla, resulta que es un excelente ser humano? ¿O a la inversa, te dio buena impresión y no resultó ser una buena persona en tu vida? A mí me ha pasado muchas veces. Especialmente cuando aún no le servía al Señor. Y de tantas veces, hoy cuento con la amistad de varias personas que en un principio las juzgué mal. Así es cuando decidimos vivir obedeciendo a Dios. La vida en Cristo, de momento, nos da la impresión de ser una vida "aburrida". Pero cuando comienzas a buscar a Dios, a tener relación estrecha con Él te das cuenta de que no es así.

Cuando comienzas a trabajar para el Señor, en el área que Él te indique, te darás cuenta que no tendrás tiempo de aburrirte. Cuando comienzas a estudiar la Palabra, a orar, adorar y alabar al Señor, Él a su vez te irá preparando, de tal manera, que cuando te toque trabajar en lo que Él te indique, te quedarás asombrado de todo lo que vendrá a tu vida. Pero hay que dedicarle tiempo. Es como los juegos electrónicos, cuando los compras, de primera intención, no sabes cómo pasar los niveles, ganar vidas, ganar bonos, etc. Pero si dedicas tiempo a descubrir cada parte, llegarás a la meta. Así es cuando comienzas a caminar con el Señor, hay que dedicarle tiempo para descubrir todo lo que hay en Él y poder llegar a la meta: la vida eterna. Hay que aprender a vivir en su rama y salirnos de la rama del mundo. ¿Sabes que no puedes vivir en dos ramas? Mateo 6:24 nos dice: *"Nadie puede servir a dos señores, pues menospreciará a uno y amará al otro, o querrá mucho a uno y despreciará al otro. No se puede servir a la vez a Dios y a las riquezas".*

Lucas 16:13 dice*: "Ningún sirviente puede servir a dos patrones. Menospreciará a uno y amará al otro, o querrá mucho a uno y despreciará al otro. Ustedes no pueden servir a la vez a Dios y a las riquezas"* NVI Santiago 4:4 nos dice*: "¡Oh, gente adúltera! ¿No saben que la amistad con el mundo es enemistad con Dios? Si alguien quiere ser amigo del*

102

mundo se vuelve enemigo de Dios". La realidad es que a veces queremos vivir en las dos ramas, pero si te fijas cuando tratamos de vivir en la rama del mundo, los primeros días tal vez nos vaya "bien", pero llega el momento en que se nos vira la tortilla y comenzamos a vivir situaciones desagradables, tomamos malas decisiones, una detrás de otra, y vivimos sus consecuencias. ¿Por qué? Bueno, porque el mundo hace las cosas atractivas para que caigamos, pero su único objetivo es destruirnos. En Juan 15:19 encontramos: *"Si fueran del mundo el mundo los querría como a los suyos. Pero ustedes no son del mundo, sino que yo los he escogido de entre el mundo. Por eso el mundo los aborrece".* Fíjate que dice que ni tú, ni yo somos de este mundo. Por lo cual, el mundo, el enemigo, solo quiere destruirnos y está creando cosas "bonitas" para atraernos, como un cazador y hacer que caigamos en su trampa para luego destruirnos.

Si buscamos el termino cazar en un diccionario, nos dice que es el acto de buscar o seguir animales para atraparlos o matarlos. En el Salmo 91:3 leemos: *"Sólo Él puede librarte (Dios) de las trampas del cazador de mortíferas plagas".* Lo ves, el enemigo es un cazador y solo quiere destruirte. El enemigo sigue al ser humano, lo vigila para mantenerlo cautivo o matarlo (destruirlo). 1 Juan 2:15 dice: *"No amen al mundo ni nada de lo que hay en él. Si alguien ama al mundo, no tiene el amor del Padre".* Dios no quiere que amemos ese sistema donde reina el pecado, el cual es controlado por el enemigo, y está organizado contra Dios y su justicia. Romanos 12:2 dice: *"No se amolden al mundo* *actual, sino sean transformados <u>mediante la reno-</u>* <u>*vación de la mente*</u>. *Así podrán comprobar cuál es la voluntad de Dios buena y agradable y perfecta"*. ¿Y cómo renovamos la mente? Leyendo la Palabra de Dios, comunicándonos con Él por medio de la oración y dejando de hacer las cosas que se nos revelen que están mal delante de nuestro Señor.

Si te entregas de verdad a Dios, llegará el momento que, incluso, tendrás que separarte de amistades, que en realidad no aportan, no contribuyen nada positivo para tu vida. Hasta tendrías que separarte o alejarte de familiares. Por ejemplo, cuando Dios llamó a Abraham (que en un principio se llamaba Abram, pero Él le cambió el nombre), le dijo: *"Deja tu tierra, tus parientes y la casa de tu padre y vete a la tierra que te mostraré"* (Génesis 12:1). ¿Lo ves? Se supone que él tenía que dejar todo. Si luego lees la historia te das cuenta que Abram no obedeció del todo, se llevó a su sobrino Lot. Aunque Dios le dio lo prometido, Abraham pasó unos procesos que, tal vez, no hubiese pasado si hubiera obedecido a Dios en su totalidad. ¿Qué quiero que entiendas? Que cuando decides vivir en la rama de Dios pueden ocurrir sucesos que de primera intención no comprendes, que pueden ser dolorosos en su momento, pero son para tu bien y para tu crecimiento espiritual. Dios nos dice en Jeremías 29:11 *"Porque yo sé muy bien los planes que tengo para ustedes -afirma el Señor- planes de bienestar y no de calamidad a fin de darles un futuro y una esperanza"*.

104

Dios nunca se ha olvidado de ti. Él siempre está cerca de nosotros. Pero nosotros, con nuestras acciones o decisiones. no le permitimos que Él fluya como desea en nuestras vidas. Nos desviamos de su rama y comenzamos a andar en la rama del mundo. Cuando decides creerle a Dios y vivir en su mundo, pasan muchas cosas en tu vida. Él te fortalece, restaura, tú resurges de tu ruina, te multiplica (ya sea de forma física, emocional o espiritual), te honra, te acerca a Él. Jeremías 30:22 dice: ***Ustedes (TU) serán mi pueblo** (eres parte del pueblo de Dios) **y yo seré su Dios** (Él será tu Dios)"*. ¡Gloria a Dios! ¡Qué mejor noticia que esa! ¡Él será tu Dios! Cuando decides creerle se vislumbra esperanza en tu vida. En Juan 14:6 Jesús nos dice: *"Yo soy el camino, la verdad y la vida. Nadie llega al Padre sino por mí"*.

¡WAO! Que clarito, ¿verdad? Hay que conocer a Jesús para seguir en pos de Él, es la rama correcta. ¿Cómo lo puedes conocer? Hablando con Él y leyendo la Palabra. Él te ama y me ama. Imagínate, cuando tenemos una situación difícil sentimos que el mundo se nos cae encima. Ahora, trata de imaginar cómo se sintió Jesús a la hora de su sacrificio allí en la cruz del calvario, cuando cargó todas nuestras aflicciones, dolores, tristezas, circunstancias, por amor a nosotros y para darnos la victoria. Su amor es infinito. Él quiere que le conozcamos, le amemos y le sigamos. No te digo que va a ser un trayecto fácil, porque seguimos viviendo en un mundo lleno de pecado, pero sí te puedo asegurar que Dios, Jesús y el Espíritu Santo serán tu apoyo. Tu victoria está al otro lado de la meta, solo tienes que cruzarla. Pero para eso debes estar en la rama correcta, la rama de Dios. Si decides continuar por la rama del mundo, vas a llegar a una meta, pero no será la de la vida eterna. Tú decides. ¿Sigues a Dios o sigues lo que te indique el mundo?

¡AMÉN! ¡Amén! ¡AMÉN!

Dios

Dios es fiel y tiene el control

En cierta ocasión hubo una mujer que puso una petición delante del Señor. El tiempo pasó y sus ojos naturales no veían la contestación a dicha petición. Así que un día se levantó con enojo y decidió que le iba a dar la espalda a la iglesia y a Dios. Pero como era muy respetuosa, decidió ir a notificárselo a su pastor. Cuando llegó delante de su pastor le dijo: "Pastor he decidido dar la espalda a la iglesia y a Dios, porque no he visto la contestación a mi petición. Pero antes debo darle gracias a Dios porque por Él mi esposo sigue vivo a pesar del accidente tan fuerte que tuvo hace unos años. También debo darle gracias a Dios porque por Él tengo salud. Debo darle gracias porque por Él mis hijos hoy son adultos que le sirven y guardan sus mandamientos. Debo darle gracias porque por Él puedo disfrutar de mis nietos. Debo darle gracias porque por Él tengo mi casa, mi carro, mi…" De momento, se quedó callada y luego dijo: "¿Cómo es posible que haya pensado en darle la espalda a Dios, solo porque no me ha contestado

una petición, si me ha dado todo lo que he
mencionado y mucho más? He cambiado de
opinión. Seguiré alabando, adoran-do, honrando y
sirviendo a mi Dios. Él es fiel." Y así salió de
delante de su pastor y se fue a su casa dándole la
gloria a Dios.

¿Alguna vez, te ha ocurrido algo similar o te has sentido como la mujer de esta historia? Sabes, a mi me ha ocurrido y pienso que a todos les pasa alguna vez. No importa si eres un miembro de la iglesia o eres un líder, sigues siendo un ser humano. En la Biblia tenemos ejemplos de esto. Y uno de esto es Juan el Bautista. Jesús lo describió como el más grande de los profetas (Mateo 11:7-13). Fue el precursor de Jesús y alguien de gran autoridad en su tiempo. Cuando vio a Jesús pudo reconocerlo y anunciar a las personas que Él era el Cordero de Dios, que quitaba el pecado del mundo. Pudo ver cómo el Espíritu de Dios descendía del cielo como paloma y se posó sobre Jesús (Juan 1: 29-34).

Juan el Bautista tuvo una posición como la de ningún ser en esta tierra. Vio, reconoció a Jesús, anunció su llegada al mundo y lo bautizó en agua. ¡Wao! ¡Qué experiencia y privilegio! Pero, aún así, dudó. Juan fue apresado por Herodes el tetrarca (gobernador), ya que le decía que no estaba bien la relación que tenía este con la mujer de su hermano. Y cuando estaba preso, en unas circunstancias difíciles, hostiles para él, dudó. Mateo 11: 2-3: *"Juan estaba en la cárcel, y al enterarse de lo que Cristo estaba haciendo, envió a sus discípulos a que le preguntaran: ¿Eres tú el que ha de venir, o esperamos a otro?"* Juan el Bautista dudó de Jesús. En ese momento solo podía pensar en su situación, estaba centrado en él. Olvidó todo lo que había vivido antes, la palabra que había predicado y el privilegio que tuvo de presentar a Jesús al mundo.

Y eso mismo nos ocurre a nosotros en nuestra vida. Damos gracias a Dios por muchas cosas, reconocemos su grandeza en nuestra vida, hasta que pedimos algo y ese algo no llega, no se cumple. Algo que he aprendido con el transcurso de los años y en mi relación con Dios, es que todo ocurre en su tiempo y no en el mío. Y sabes qué, la clave ha sido esperar.

Hay una canción de Jesús Adrián Romero que se titula: Esperar en ti. Y esta alabanza describe muy bien cómo es esperar en Dios. Su letra dice así: *"Esperar en ti difícil sé que es. Mi mente dice no, no es posible. Pero mi corazón confiado está en ti. <u>Tú siempre has sido fiel, me has sostenido</u>. Y esperaré pacientemente, aunque la duda me atormente. <u>Yo no confío con la mente, lo hago con el corazón</u>. Y esperaré en la tormenta, aunque tardare la respuesta, <u>yo confiaré en tu providencia. Tú siempre tienes el control</u>".* Fíjate en las partes subrayadas, ahí está la clave para seguir sirviendo a Dios.

Sigue adelante, confiando en Dios y creyendo que en su tiempo TODO es perfecto. Lo que hayas pedido y aún no se ha cumplido, desde hoy comienza a agradecer porque, en el tiempo de Dios, tus ojos naturales lo verán. Solo confía, sé firme, paciente y en el proceso obedece a Dios y gózate en su presencia.

Te bendigo en el nombre de Jesús, recuerda Dios es fiel y tiene el control.

¡AMÉN! ¡Amén! ¡AMÉN!

Dios es real

A la verdad que nosotras las mujeres somos bien parlanchinas. Y me disculpan las chicas, pero es cierto. ¡Ja, ja, ja, ja! Un día estuve en una oficina de un médico al que solo las mujeres visitamos, ya ustedes saben quién es. Me puse a observar y a escuchar lo que hablaban las chicas que estaban allí. Y de verdad que hablamos de todo. Lo impresionante es la manera en que podemos cambiar de un tema a otro, luego regresar al tema anterior y continuar donde nos quedamos. Por eso, podemos volver locos a los hombres, por lo mucho que hablamos. ¿Qué piensan chicos? Me imagino que están de acuerdo conmigo en este punto.

Así deberíamos hablar y comunicarnos con Dios. A Él le gusta escucharnos y hablarnos también. Sí, es cierto, por lo general no nos habla de forma audible, pero de que nos habla, nos habla. Solo tenemos que desarrollar nuestros oídos y ojos espirituales para poder entender sus mensajes. Para poder comprender sus instrucciones, mandamientos, estatutos, directrices, obedecerlo y ser prosperados en toda área de nuestra vida (Josué 1:8). En Jeremías

33:3 Dios no dice: *"Clama a mí, y te responderé, y te daré a conocer cosas grandes y ocultas que tú no sabes".*

Dios nos escucha y responde. ¡Qué bueno es Dios! Dios no es ni de barro, madera, piedra… Él es real. Nuestro Dios es el mismo que abrió el Mar Rojo para que Israel pasara (Éxodo 14). El que separó el Jordán para que Israel cruzara (Josué 3). El que contestó al profeta Elías, enviando fuego desde el cielo y quemando su holocausto (1 Reyes 18:20-40). Tal vez dices, pero eso es Antiguo Testamento, sí, pero la Palabra de Dios es viva, nuestro Dios está vivo y es real. Puede hablarnos audiblemente en nuestro carro, en medio de una circunstancia desesperante, por medio de su Palabra cuando la leemos, por medio de otra persona, por medio de la naturaleza… puede hablarnos de la manera en que menos te imaginas. Para Dios no hay imposibles.

Hace unos años mi abuela materna falleció. Cuando del hospital llamaron a mi casa solo dijeron que fuéramos porque ella se había puesto muy mal. Cuando iba de camino con mi mamá y una de mis tías, estaba orando. Y en un momento le dije a Dios: "Yo creo que tú puedes obrar en la vida de mi abuela, pero si murió dímelo para poder estar preparada y apoyar a mi mamá y mi tía". De momento, en el expreso se cruzó un carro al frente del mío, que tenía un sticker (calcomanía) que decía: "Abuela's time". Yo quedé impresionada por la forma en que Dios me habló en ese momento. Yo nunca he vuelto a ver un sticker así.

Así que, habla con Dios, cuéntale como te sientes, se sincero, exprésate con franqueza y Dios inclinará su oído y te responderá. Pero ten en mente que Él te responderá a su manera y en su tiempo. Te bendigo en el nombre de Jesús,

¡AMÉN! ¡Amén! ¡AMÉN!

El puente

Había una vez unos hermanos que tenían granjas vecinas. Trabajaban juntos, hombro con hombro. Pero un día tuvieron un desacuerdo, discutieron y dejaron de hablarse. Un día llegó un hombre a la casa de Luis (el hermano mayor) y tocó la puerta. Cuando Luis le recibió, el hombre dijo: "Estoy buscando trabajo por unos días. Quizás usted necesite algunas pequeñas reparaciones aquí en su granja y yo pueda ser de ayuda en eso". Luis le contestó que sí, a lo que añadió: "Mire al otro lado, allí vive mi hermano. Antes nos separaba una hermosa pradera. Pero la semana pasada él con sus máquinas desvió un arroyo para que pasara justamente entre nuestras granjas. Quiero que construyas una cerca de dos metros de alto, no quiero verlo nunca más". El carpintero le dijo: "Entiendo exactamente lo que desea. ¿Me puede indicar dónde están los materiales para comenzar a trabajar?" Luis le indicó dónde estaban y luego se fue al pueblo a resolver unos asuntos. El carpintero trabajó todo el día: midiendo, cortando, clavando. Al atardecer, cuando Luis regresó no había una cerca por ningún lado, sino un puente que unía las

*dos granjas a través del arroyo. Era una fina pieza
de arte, con todo y pasamanos. En ese momento
vino el otro hermano, lo abrazó y le dijo: "Eres un
gran hombre, mira que construir este hermoso
puente después de lo que he hecho". Cuando
estaban en el proceso de reconciliación Luis notó
que el carpintero se marchaba y le dijo: "¡No,
espera! Quédate unos cuantos días. Tengo muchos
proyectos para ti". "Me gustaría quedarme", dijo
el carpintero, "pero tengo muchos puentes por
construir".*

₆Reflexión: El puente

Un puente es una construcción que permite salvar un accidente geográfico como un río, un cañón, un valle, una carretera, un camino, una vía férrea, un cuerpo de agua o cualquier otro obstáculo físico. Su diseño varía según su función y el terreno donde se construye. En un puente se puede utilizar los siguientes materiales: cables, vigas (soportan las estructuras), hormigón (resistencia) y acero (dureza).

En el camino de vida del ser humano hubo un inmenso accidente geográfico llamado pecado. El ser humano causó la destrucción de ese hermoso prado que lo conectaba directamente con Dios. Se creó un abismo. Ahora el hombre en vez de vivir para complacer y servir exclusivamente a Dios, tenía que vivir para satisfacer sus necesidades. Tuvo que comenzar a servir, pero a otros hombres y su mentalidad cambió, de tal manera, que solo buscaba complacer a otros seres humanos, no ha Dios. El hombre comenzó a caminar bajo su propia prudencia.

Comenzó a hacer lo contrario de lo que nos indica Proverbios 3:5 *"Confía en el Señor con todo tu corazón, y no en tu propia inteligencia (prudencia)"*. Dejándose llevar por su parte almática. Comenzó a vivir según su parte carnal y no por el Espíritu.

En 1 Juan 4:8 dice: *"...porque Dios es amor"*. A raíz de esa gran verdad, Dios no se podía quedar con sus brazos cruzados observando como el ser humano destruía todo a su paso y, más aún, destruyéndose unos a otros, sin opción a salvación. Por eso, Él decidió que debía crear un camino nuevo, un puente, entre el ser humano y Él. Pero ese puente tenía que tener ciertas características: soportar mucho peso, dureza, resistencia, firmeza, y ahí miró a un lado, miró al otro y dijo: "Hijo, ven aquí. Tengo una asignación muy especial, que solo tú puedes cumplir". Y Jesús contestó: "Heme aquí Padre, envíame a mí".

¿Puede usted imaginar un momento como ese? ¿Puede usted imaginar la expresión de Jesús, cuando Dios le explicó lo que tenía que hacer? Imagina que Dios tal vez le dijo: "Tienes que dejar de ser tú, convertirte en hombre, nacer como lo hace el ser humano, convivir con el ser humano, aún con toda tu sabiduría. Tendrás que esperar hasta que tengas 30 años para comenzar a llevar a cabo tu proyecto en la Tierra. Durante tres años tienes que caminar y hablar al ser humano lo que yo te revele. Pero no te tratarán como rey, no, te van a rechazar, te van a querer matar, se burlarán de ti, dudarán de ti, y aún así, llegará el momento en que entregarás tu vida por la humanidad, vas a cargar el pecado no de una persona, ni de dos, sino de la humanidad y no solo de esa generación, sino de todas para que todo el que crea en ti sea salvo. Continúa e imagina lo que Jesús contestó: "Heme aquí Padre, envíame a mí". ¿Usted entiende la magnitud de esta gran verdad? Si es así alabe a Dios. Abra su boca y alabe al Dios que lo ama.

Dios te ama. Dios está contigo. Dios no te ha dejado solo ni un momento. Dios camina contigo y, en muchas ocasiones, te lleva en sus brazos. Dios evita tantas cosas en tu diario vivir, de las que tú ni te enteras. Él solo quiere escucharte. Él ve tu corazón. Ve tu sinceridad en este momento. Aclámalo a Él. Alábalo a Él. Dios está en control. No sé qué puedas estar pasando, pero Él sí y eso es lo importante. No te desesperes. No te afanes. No te rindas. Sigue hacia delante, persevera, persiste, busca de Dios, de Jesús, de su Espíritu, busca su presencia, busca su esencia. Busca ahora, que tienes esa oportunidad, posibilidad, porque luego podría ser tarde.

Así hay una historia, contada por Jesús, una parábola (aunque esto está en discusión entre los teólogos porque esta historia tiene la peculiaridad que menciona un nombre. Y los teólogos, algunos piensan que fue una historia real). Esta parábola es: El rico y Lázaro en Lucas 16:19-31. En ese tiempo, para los judíos, ser rico significaba bendición de Dios y ser pobre una maldición. Entonces, muchos ricos pensaban que ayudar a los pobres no era necesario porque ellos vivían una maldición (muy al contrario, a lo que estamos llamados a hacer, que es servir). Lo importante en esta historia es que deja bien definido la existencia de un infierno y un paraíso. Que entre ambos hay una gran cavidad profunda, una sima. Fíjese que aquí sima es con s, porque se refiere a una cavidad profunda, un hueco profundo. No es cima con c que sería el punto más alto de una montaña.

En Lucas 16:26 dice que Abraham dijo: *"Además de todo esto, hay un gran abismo (sima en versión RV) entre nosotros y ustedes, de modo que los que quieren pasar de aquí para allá, no pueden, ni tampoco pueden los de allá para acá".* No podían cruzar del infierno al paraíso, ni viceversa. Una sima así se abrió entre Dios y el hombre a causa del pecado.

Pero, ¿sabes qué? Llegó Jesús, llegó la autoridad, llegó el poder de su sangre, llegó la unción y se hizo ese camino, ese puente entre la humanidad y Dios. Un puente que soportó mucho peso, allí en la cruz del calvario. Soportó pagar por nuestros pecados. Eso significó un dolor, un sufrimiento inexplicable, tan grande que Jesús quedó convertido en una llaga (desfigurado, irreconocible). Isaías 53:5 dice: *"Él fue traspasado por nuestras rebeliones y molido por nuestras iniquidades; sobre él recayó el castigo, precio de nuestra paz, y gracias a sus heridas (llaga versión RV) fuimos sanados".* ¡Cuánto dolor! Jesús es un puente resistente. Aquí en la Tierra dio ejemplo de esa resistencia: Lucas 4 nos habla de cuando Jesús fue llevado al desierto por 40 días y Satanás quiso tentarlo. Pero Jesús, resistió. En Lucas 22:39-46, vemos a Jesús orando, porque ya se acercaba su hora, y fue tan presionado en ese momento que su sudor era sangre, pero resistió. No salió huyendo, cumplió su propósito, permaneció. En Marcos 15:34, llega un punto donde Jesús, ya en la cruz, expresa: *"...Dios mío, Dios mío ¿por qué me has desamparado?"* Se sintió solo. Sintió el abandono del Padre. Pero llegó a ese punto porque resistió. Nuestro puente resistió para que usted, yo, la humanidad tuviéramos acceso al Padre.

¿Entienden el valor de este puente? ¿Estás pisando fuertemente sobre Él? ¿Estás caminando en Él? ¿Comprendes que no hay, no existe, ni existirá otro camino, otro puente hacia Dios? Proverbios 3:5-6 dice: *"Confía en el Señor de todo tu corazón y no en tu propia inteligencia. Reconócelo en* todos *tus caminos y el allanará tus sendas."* Aquí la palabra allanará significa que, si lo permites, Dios traerá rectitud a tu vida. Y rectitud es verdad en nuestros pensamientos y acciones ante otras personas, pero sobre todo ante Dios; esa rectitud se llama Jesús. Se enderezarán nuestras veredas porque nos enfocamos en el camino correcto, el único, ese puente que Dios colocó entre Él y nosotros llamado Jesús.

Juan 14:6 dice: *"...Yo soy el camino, y la verdad, y la vida - le contestó Jesús - nadie llega al Padre, sino por mí"*. Este versículo hasta lo sabemos de memoria. Lo repetimos y lo repetimos... ¿pero lo vivimos? ¿Estamos consientes de la verdad tan grande que expresan estas palabras? ¿O aún escarbamos porque queremos crear nuevos senderos, en nuestras propias fuerzas? Esos senderos no nos llevan a ningún lado. Solo Jesús nos lleva al Padre. Nuestro Salvador, Redentor, Restaurador, el que dio el mayor ejemplo de amor que se podría ver en la Tierra.

⁷Magdiel Narváez en su libro: *Jesús en el siglo 21* dice: "Dios siempre se revela en lo que conocemos con algo que desconocemos". Esto hizo con Jesús. Se reveló en forma de hombre, un ser humano, pero hizo cosas que ningún otro ser humano podrá hacer, solo Él. Un ser humano con un oficio muy normal, carpintero. Pero paralelo a su propósito: construir un camino, un puente hacia el Padre. Magdiel Narváez también dice: "No hay nadie como Él. La gente siempre fue y será primero que los puestos, títulos o bienes materiales". Eso fue lo que demostró con todos sus hechos. Él escuchó a las personas, las sanó, las liberó, las restauró y les dio salvación. Eso continúa hoy en día. Necesitas dejarlo entrar totalmente en tu vida, no solo en ciertas áreas, tiene que ser total. De esta manera, Él podrá ser el alfarero de tu vida. Jeremías 18:4 dice: *"Pero la vasija que estaba modelando se le deshizo en las manos; así que volvió a hacer otra vasija, hasta que le pareció que le había quedado bien".* Su primera vasija fue Adán, pero se echó a perder. Luego tuvo que hacer una nueva para salvarnos y fue Jesús. Eso quiere hacer Dios con nosotros a través de Jesús y de su Espíritu Santo.

Magdiel Narváez nos indica: "En el caso de Jesús, Él es el mensajero y el mensaje a la misma vez". "…el mensaje de Jesús…amar a Dios sobre todas las cosas…amar a tu prójimo como a uno mismo." "…Jesús… Su mensaje fue claro, transparente, y estaba respaldado por su conducta."

1Pedro3:8-9 dice: *"En fin, vivan en armonía los unos con los otros; compartan penas y alegrías, practiquen el amor fraternal, sean compasivos y humildes. No devuelvan mal por mal, ni insulto por insulto; más bien bendigan, porque para esto fueron llamados, para heredar una bendición."*

Amémonos unos a otros. Somos diferentes. Esas diferencias podrían dar dificultades de vez en cuando, pero no permitan que sean las que triunfen. Que al final triunfe el amor, que es la esencia de Dios. 1 Pedro 1:22 dice: *"Ahora que se han purificado obedeciendo a la verdad y tienen un amor sincero por sus hermanos, ámense de todo corazón los unos con los otros"*. Juan 13:14 dice: *"Pues si Yo, el Señor y Maestro, les he lavado los pies, también ustedes deben lavarse los pies los unos a los otros"*. Aquí a lo que se refiere es que estamos llamados a servir. Él vino a servir, no a que le sirvieran. Lucas 6:31 (Se le conoce como la Regla de Oro) dice: *"Traten a los demás tal y como quieren que ellos los traten a ustedes"*. Hablando en arroz con habichuelas, como digo yo, lo que dice es que trates a los demás como a ti te gustaría que te traten. Sigamos a Jesús. Sigamos su ejemplo. Dejemos nuestras cargas. Él nos demostró su resistencia, dureza y firmeza. Sabemos que podemos confiar en Él. Sabemos que Él es nuestro fino y hermoso puente hacia el Padre. Así que, caminemos confiadamente en Él.

¡AMÉN! ¡Amén! ¡AMÉN!

Los ojos de Dios

Cuando yo era pequeño, mi mamá solía coser mucho. Yo me sentaba a sus pies y la observaba mientras ella bordaba. Al observar lo que hacía, desde una posición más baja, siempre le decía que lo que estaba haciendo me parecía muy raro y complicado. Ella me sonreía, me miraba y gentilmente me decía: "Hijo, ve afuera a jugar un rato y cuando haya terminado mi bordado te pondré sobre mi regazo y te dejaré verlo desde mi posición".

Yo no entendía por qué ella usaba algunos hilos de colores oscuros y por qué me parecían tan desordenados, pero unos minutos más tarde mi mamá me llamaba y me decía: "Hijo, ven y siéntate en mi regazo".

Al hacerlo, yo me sorprendía y emocionaba al ver la hermosa flor o el bello atardecer en el bordado. No podía creerlo; desde abajo no se veía nada, todo era confuso. Entonces mi madre me decía: "Lo ves, hijo mío, desde abajo todo lo veías confuso, desordenado y no te dabas cuenta de que

*arriba había un orden, un diseño. Cuando lo miras
desde mi posición, sabes lo que estoy haciendo".*

*Muchas veces a lo largo de los años
podemos mirar al cielo y mantener una
conversación como esta con Dios.*
-Padre, ¿qué estás haciendo?, no entiendo nada.
-Querido hijo, estoy bordando tu vida.
*-Pero se ve todo tan confuso y desordenado, los
hilos parecen tan liados.*
*-Hijo, ocúpate de tu trabajo y no quieras hacer el
mío. Un día te traeré al cielo y te pondré sobre mi
regazo y verás el plan, el diseño, desde mi posición.
Entonces entenderás.*

₈Reflexión: El bordado de Dios

¿Cuántos de ustedes son de aquellos que se
les pide que busquen o traigan algo y usted nunca lo
encuentra? ¿Cuántos buscan lo que se le ha pedido,
dicen que no lo ven y está delante de sus ojos?
¿Cuántos han estado alguna vez hablando con
alguien y a la vez están buscando su celular, no lo
encuentran, pero es que lo están usando? Cosas que
pasan. Lo que ocurre es que estamos mirando, pero
no observando. Eso nos pasa en nuestra vida:
miramos lo que está de frente, lo que está a simple
vista, pero no observamos más allá de eso. Y en el
caso de nosotros, los hijos de Dios, ya debemos
aprender a observar, pero no de manera natural, sino
de manera espiritual, en todo tiempo. Por más simple
que usted pueda pensar que es el asunto o situación,
hay que verlo con ojos espirituales.

Como hijos de Dios tenemos que ver las cosas de manera diferente a como la veíamos, cuando no habíamos entregado nuestra vida al Señor. Cuando dimos el paso de fe, nuestra visión, nuestros pensamientos sufrieron un cambio, para bien nuestro. Pero con el pasar del tiempo, y por el oír de la Palabra (Romanos 10:17) de Dios, nuestra fe debe haber ido en aumento, por lo cual el cambio de un principio, debe haber ido en aumento también. Uno de esos cambios debe ser en la forma en que vemos nuestra vida y nuestras circunstancias. Que somos humanos, sí. Que sufrimos, padecemos...y todo lo que usted le quiera agregar sí. Tal vez de primera intención nuestra reacción será como la de cualquier ser humano, pero en nosotros está el fruto del Espíritu y en una de esas partes está el dominio propio. Nosotros somos seres tripartitos: cuerpo, alma y espíritu. Dominio propio es ejercer control sobre esas tres esferas que conforman la totalidad de nuestro ser. Y cuando llega una situación o circunstancia fuerte a nuestra vida, nuestra primera reacción va a ser la natural, pero luego, si somos hijos de Dios maduros, lo que debe salir a flote en nosotros debe ser el dominio propio. También en el fruto del Espíritu se encuentra la mansedumbre. Por lo general, cuando escuchamos esta palabra la asociamos con debilidad, pero saben qué, es todo lo contrario. La mansedumbre es una disposición pareja, tranquila, equilibrada en espíritu, no pretenciosa, y que mantiene las pasiones bajo control. No es debilidad, sino poder y fuerza contenida. La persona que posee esta cualidad perdona las injurias, corrige las faltas y gobierna muy bien su propio espíritu.

Por lo cual, debe comenzar a fluir de nosotros la espada, la Palabra de Dios. Comenzar a declarar esa Palabra a la circunstancia. Debemos tomar nuestra posición de guerrero, declarar que nuestra mente es la de Cristo y no dejar que los pensamientos e ideas que el enemigo quiera poner en ella, dominen nuestro ser. Y usted va a decir: "Pero Noemí eso no es fácil". Cierto, pero con Dios no es imposible.

Vamos a ver un ejemplo de cómo se ve con nuestros ojos naturales y cómo se ve con los ojos de Dios. *"El rey de Siria estaba en guerra con Israel, deliberó con sus ministros y les dijo: "Vamos a acampar a tal lugar" (y dijo el nombre de un lugar). Pero el hombre de Dios le envió este mensaje al rey de Israel: "Procura no pasar por este sitio, pues los sirios te han tendido allí una emboscada." Así que el rey de Israel envió a reconocer el lugar que el hombre de Dios había indicado. Y en varias ocasiones Eliseo le avisó al rey, de modo que éste tomó precauciones. El rey de Siria, enfurecido por lo que estaba pasando, llamó a sus ministros y les reclamó: ¿Quieren decirme quién está informando al rey de Israel? -Nadie mi Señor y rey- respondió uno de ellos-. El responsable es Eliseo, el profeta que está en Israel. Es él quien le comunica todo al rey de Israel, aun lo que Su Majestad dice en su alcoba. – Pues entonces averigüen dónde está- ordenó el rey-, para que manden a capturarlo. Cuando le informaron que Eliseo estaba en Dotán, el rey envió allá un destacamento grande, con caballos y carros de*

combate. Llegaron de noche y cercaron la ciudad.
Por la mañana, cuando el criado del hombre de Dios
se levantó para salir, vio que un ejército con caballos
y carros de combate rodeaba la ciudad. - ¡Ay, mi
señor! -exclamó el criado-. ¿Qué vamos a hacer? –
No tengas miedo- -respondió Eliseo-. Los que están
con nosotros son más que ellos. Entonces Eliseo oró:
"Señor, ábrele a Guiezi los ojos para que vea" El
Señor así lo hizo, y el criado vio que la colina estaba
llena de caballos y de carros de fuego alrededor de
Eliseo" (2 Reyes 6:8-17).

El criado observaba con ojos naturales. Veía
lo apremiante de su situación. Miraba solo lo que
estaba delante de sus ojos: tropas, caballos, carros, al
enemigo. Pero Eliseo tenía los ojos de Dios y podía
ver más allá. Podía ver su realidad espiritual, no solo
la natural. Podía ver el ejército que estaba con ellos.
Habló con Dios, hizo su petición y Dios se la
concedió. Permitió al criado ver con sus ojos. Le dio
al criado la capacidad de ver más allá de sus
circunstancias. Cuando vemos con los ojos de Dios,
vemos lo que nos rodea, pero tenemos paz. Tenemos
esa paz que sobrepasa todo entendimiento, porque
confiamos y sabemos que Dios tiene el control de
toda situación. Cuando vemos con los ojos de Dios
podemos entender cuál es su propósito, en medio de
la circunstancia. Cuando vemos con sus ojos podemos creer que en medio de la experiencia estamos
recibiendo una enseñanza que será de utilidad para el
futuro. Cuando vemos con los ojos de Dios podemos
creer y declarar que sus planes son de bien y no de

mal (Jeremías 29:11). Cuando vemos con sus ojos podemos entender que la victoria es nuestra.

Si en la situación de Eliseo y el criado solo se hubiesen dejado llevar por las circunstancias, por lo que estaba delante de ellos, hubiesen sido víctimas del temor, la desesperación, ansiedad, confusión, turbación, agonía, sufrimiento... y muchas cosas más. Sin embargo, al tener los ojos de Dios, lo que tuvieron fue valentía, confianza, esperanza, paz, tranquilidad, dirección... y más.

Y usted dirá: "Ah, pero él era Eliseo, profeta de Dios, que obtuvo doble unción de la que tuvo Elías, por el cual Dios hizo milagros aún estando muerto (2 Reyes 13:21). Sí, es cierto él fue un escogido de Dios. Pero seguía siendo humano y pudo haberse dejado llevar por las circunstancias, sin emargo, él decidió ver con los ojos de Dios.

Pero fíjese, en la Biblia tenemos un ejemplo de un hombre que el propio Jesús dijo de él: *"Les aseguro que entre los mortales no se ha levantado nadie más grande que Juan el Bautista; sin embargo, el más pequeño en el reino de los cielos es más grande que Él"* (Mateo 11:11). Juan el Bautista tuvo una posición como la de ningún ser en esta tierra. Vio, reconoció a Jesús, anunció su llegada al mundo y lo bautizó en agua. Pero, aún así, llegó un momento donde vio con ojos naturales y no con los ojos de Dios. Juan fue apresado. Y cuando estaba preso, en unas circunstancias difíciles, hostiles para él, su visión cambió. No pudo ver con los ojos de Dios, sino con sus ojos naturales. Mateo 11: 2-3: *"Juan estaba en la cárcel, y al enterarse de lo que Cristo estaba haciendo, envió a sus discípulos a que le preguntaran: - ¿Eres tú el que ha de venir, o debemos esperar a otro?"* Juan el Bautista no pudo ver a Jesús con ojos espirituales, sino con ojos naturales. Olvidó todo lo que había vivido antes, la palabra que había predicado y el privilegio que tuvo de presentar a Jesús al mundo. No pudo ver que, aunque él estaba preso físicamente, Jesús estaba sanando ciegos, haciendo que paralíticos anduvieran, que leprosos sanaran, que sordos oyeran, que muertos resucitaran y que daba buenas nuevas a los pobres (Mateo 11:5). Aunque él estaba preso, Jesús por medio de todos sus actos, estaba dando libertad espiritual a todo el que estaba oprimido y se cruzaba con Él en el camino. Un hombre que había visto con los ojos de Dios ahora en su situación, solo pudo ver con sus ojos naturales.

En muchas ocasiones estamos tan ocupados con lo que nos ocurre a nosotros que no podemos ver lo que hace Dios en la vida de otros. No podemos ver, ni alegrarnos de la libertad y de la sanidad que Dios da a quienes están a nuestro alrededor. No podemos entender que no siempre se trata de nosotros. Es más, estamos tan enfocados en una situación en particular que no podemos ver las obras que Dios está haciendo en otras áreas de nuestra vida. Tal vez tienes un dolor muy fuerte en una parte de tu cuerpo, y a causa de ese dolor, se te ha olvidado darle la gloria y las gracias a Dios porque estás vivo. Así somos. En vez de darle a Dios una alabanza y honra, le damos una "quejabanza" diaria. Eso debe cambiar en nosotros. Estás vivo, agradece ese privilegio. Porque eso es lo que es: un privilegio. Hay una alabanza de Jacobo Ramos que me gusta mucho, en la cual él le declara a Dios: *"Es bello saber que cuando yo nací fue por tu placer, **es bello saber que cuando abro mi boca a ti te da placer**, es bello saber que cuando nos creaste fue por tu placer, es bello saber que toda la creación a ti te da placer... quiero estar sentado en tu regazo, te quiero adorar y que me estés escuchando, **que disfrutes mi adoración**, ven disfruta mi adoración..."* Fíjese esta alabanza no le dice a Dios, ven y siéntate a escuchar todas las quejas, inconformidades, críticas (porque nos atrevemos a criticar lo que Dios hace). No, lo invita a que disfrute de la adoración que le va a dar. Esa debe ser nuestra meta, adorar a Dios. Al tener esta actitud desde que abrimos nuestros ojos, nos da la comunión, la intimidad que necesitamos para ver este mundo con los ojos de Dios.

En vez de vivir quejándote por aquello que no ha llegado a tu vida, agradece lo que sí tienes. Disfruta tu momento, tu hoy, tu ahora. Si tu actitud, tu visión comienza a cambiar, todo lo demás vendrá por añadidura.

En este momento no sé qué situación puedas estar pasando. Qué decisión difícil debas tomar. Qué cosa "injusta" estés viviendo y no entiendes. Lo único que puedo asegurarte es que lo que ves con tus ojos naturales, no es tu realidad. Más allá de lo que ves, está lo que ve Dios desde arriba. Está ese bordado hermoso que Dios está entretejiendo y que desde aquí abajo solo podemos ver un desorden de hilos. Pero Dios es fiel, es bueno y tiene el control de todo. Para poder entender esto, dentro de la situación adversa que estés viviendo, tu fe debe haber crecido, debes haber madurado espiritualmente y haber dejado de ser un niño que bebe leche. En este caminar uno tiene que crecer y esto se consigue teniendo intimidad con Dios, sacando tiempo para orar y leer su Palabra para meditarla, entenderla, internalizarla y la aprenderla. La Palabra será tu espada de dobles filo. Una espada con la cual vences al enemigo y, a la vez, abres los cielos para que baje lluvia de bendiciones.

En Josué 1:8 dice: *"Recita siempre el libro de la ley y medita en él de día y noche: cumple con cuidado todo lo que en él está escrito. Así prosperarás y tendrás éxito"*. *"Nunca se apartará de tu boca este libro de la ley, sino de día y de noche meditarás en él, para que guardes y hagas conforme a todo lo que en él está escrito; porque entonces harás prosperar tu camino, y todo te saldrá bien."* (RV) Pero depende de ti que esto ocurra. Porque no se puede esperar a cuando vemos que todo anda mal, que seas presa del dolor, sufrimiento, angustia…etc.

Como dice mi pastor, Enrique López (Iglesia Torre Fuerte de Juncos): "Nuestra actitud mantiene fuera al enemigo de nuestro territorio". Cambia tu actitud, cambia tu conducta. A Dios le gusta la rectitud, la fidelidad. Puedes llegar aquí y aparentar ser recto en tus cosas, pero si en tu realidad, día a día, no lo eres y haces cosas que sabes que no están bien delante Dios, entonces prepárate a vivir las consecuencias de tus actos.

2 Pedro 1:5-9 dice: *"Precisamente por eso, esfuércense por añadir a su fe, virtud: a su virtud, entendimiento; al entendimiento, dominio propio; al dominio propio, constancia; a la constancia, devoción a Dios; a la devoción a Dios, afecto fraternal; y al afecto fraternal amor. Porque estas cualidades, si abundan en ustedes, les harán crecer en el conocimiento de nuestro Señor Jesucristo, y evitarán que sean inútiles e improductivos. En cambio, el que no las tiene es tan corto de vista que ya ni ve, y se olvida de que ha sido limpiado de sus antiguos pecados".* Cuando vivas correctamente delante de Dios, conectado a Él, vivirás expe-riencias de todo tipo: buenas y no tan buenas, pero estarás enfocado y podrás ver con sus ojos.

Estar agarrado, conocer, declarar la Palabra de Dios y tener intimidad con Dios es la clave para ver con los ojos de Dios nuestras vivencias aquí en la Tierra. Y siempre que la parte natural, la parte almática de nuestro ser quiera imponerse tenemos que declarar la Palabra de Dios. Jesús fue nuestro mejor ejemplo. Cuando Satanás lo quiso tentar, Jesús declaraba: *"Escrito está..."* Entonces apodérate de esta expresión y úsala: Escrito está y declara la Palabra de Dios en la situación, a la que tu parte almática quiere que tú le des prioridad. Recuerda lo que dice Habacuc 3:17-19 *"Aunque la higuera no dé renuevos, ni haya frutos en las vides; aunque falle la cosecha del olivo, y los campos no produzcan alimentos; aunque en el aprisco no haya ovejas, ni ganado alguno en los establos; aún así, yo me regocijaré en el Señor, ¡me alegraré en Dios, mi libertador. El Señor omnipotente es mi fuerza; da a* mis *pies la ligereza de una gacela* y *me hace caminar por las alturas"*.

Y recuerde: *"Torre inexpugnable es el nombre del Señor; a ella corren los justos y se ponen a salvo"*. Proverbios 18:10. Busca intimidad con Dios, lee, haz uso de su Palabra y comienza ver tu vida con: Los ojos de Dios. Te bendigo en el nombre de Jesús.

¡AMÉN! ¡Amén! ¡AMÉN!

Fe

Atravesando nuestras crisis con fe en Dios

"La fe se ríe de las imposibilidades". "La fe no hace las cosas más fáciles, las hace posibles". Estas son expresiones que en alguna oportunidad puede escuchar. Lucas 1:37 nos dice: *"Porque para Dios no hay nada imposible"*. En la Biblia leemos muchos relatos en los cuales se presentaron cosas imposibles para el hombre, pero no para el poder de Dios. Por ejemplo: (Mateo 14: 13-21) Jesús alimentó a cinco mil personas con cinco panes y dos peces. Aunque la realidad es que alimentó a más porque la lectura dice: *"Los que comieron fueron unos cinco mil hombres, sin contar a las mujeres y a los niños"*. También vimos que Jesús caminó sobre el mar en Mateo 14:22-33 (recuerde que Jesús era 100% Dios y 100% hombre), Pedro lo hizo también, aunque luego sus circunstancias: el viento fuerte, el miedo, y la duda, hicieron que se hundiera. Pedro caminó, tuvo valor, tuvo fe (por un periodo corto, pero la tuvo).

Luego de estas demostraciones de lo imposible para el hombre, Jesús se retiró a la región de Tiro y Sidón. Este era un distrito de gentiles, ubicado al norte de Galilea. Vamos a leerlo. *"Partiendo de allí, Jesús (de la región llamada Genesaret), se retiró a la región de Tiro y de Sidón. Una mujer cananea de las inmediaciones salió a su encuentro, gritando: ¡Señor, Hijo de David, ¡ten compasión de mí! Mi hija sufre terriblemente por estar endemoniada. Jesús no le respondió palabra. Así que sus discípulos se acercaron a él y le rogaron: -Despídela, porque viene detrás de nosotros gritando. -No fui enviado sino a las ovejas pérdidas del pueblo de Israel- contestó Jesús. La mujer se acercó y, arrodillándose delante él, le suplicó: - ¡Señor ayúdame! Él le respondió: No está bien quitarles el pan a los hijos y echárselo a los perros. - Sí, Señor; pero hasta los perros comen de las migajas que caen de la mesa de sus amos. - ¡Mujer, qué grande es tu FE! - contestó Jesús-. - Que se cumpla lo que quieres. Y desde ese momento quedó sana su hija"* (Mateo 15: 21-28). Este suceso debe haber abierto el camino para que se creara la iglesia primitiva de Tiro, ya que en Hechos 21:2-5 nos dice que cuando Pablo llegó a esta región había *discípulos* allí.

Marcos 7:24 nos señala que Jesús no quería que las personas supieran que estaba allí, pero Él no pudo pasar por inadvertido. Entre todas las personas que aparecieron, llegó una mujer que Mateo se refiere a ella como Cananea y Marcos se refiere a ella como Sirofenicia. El término cananeo era común en el Antiguo Testamento, pero en el Nuevo Testamento solo aparece en Mateo. Bueno, esta mujer se enteró que Jesús estaba allí y salió a su encuentro. Esta mujer tenía una hija atormentada por un demonio.

Ustedes que son padres y madres (yo no lo soy) pueden imaginar el dolor, la angustia, el sufrimiento, la desesperación, el abatimiento, la impotencia que sintió esta mujer al tener a su hija en esta condición. Es una situación que las palabras no son suficientes para describirla. Ella no podía reconocer a su pequeña niña en ese ser que tenía delante de sus ojos. No sabemos cuánto tiempo llevaba esta niña en esta situación. Fíjese el grado de su desesperación que en el versículo 25 ella dice: *"¡Señor ayúdame!"* Cuando tu hijo tiene algún tipo de problema, literalmente, corres a buscar todas las posibles soluciones para ayudarlo, porque se te parte el corazón al ver el sufrimiento de un hijo. Así estaba la mujer Sirofenicia.

Ahora que conoces a Dios, a Jesús y al Espíritu Santo, sabes que Dios es omnisciente, omnipresente y omnipotente. Sabes que Dios conoce todo, que está en todos lados y que tiene todo el poder. Y cuando tú o tu familia tienen alguna dificultad, rápidamente, claman a Dios y Él responde. Pero en el caso de esta mujer, que era Sirofenicia, su creencia era politeísta (creía en muchos dioses). Estas personas ofrecían sacrificios humanos a sus dioses. Su religión era muy distinta. ¿Quién sabe cuántas cosas hizo por el bien de su hija, pero que estaban mal delante de Dios? Solo por buscar solucionar su problema.

De alguna manera, esta mujer escuchó hablar de Jesús. No se indica cómo supo de Él, pero oyó hablar de Él. Al escuchar sobre Jesús hubo algo en ella que hizo que dejara a un lado todos sus principios, todas sus creencias religiosas y creyera (tuviera fe) en el poder de Jesús. Ella tuvo lo que en Hebreos 11:1 se nos describe como: *"la garantía de lo que se espera, la certeza de lo que no se ve"*. La mujer tuvo esto en su interior y lo puso en acción.

El relato nos indica que ella le habló, le dijo de su problema y dice la Palabra que Jesús: *"no le respondió palabra"*. Jesús "ignoró" a esta mujer y su pedido. Este cuadro es un poco fuerte de procesar, porque siempre hemos aprendido que Jesús nos ama, que por esa razón dio su vida en la cruz del calvario. Hubiésemos esperado que atendiera rápido el pedido de esta mujer, más sin embargo la ignoró o eso pareció. ¿Alguna vez has estado en una situación difícil de tu vida donde has clamado a Dios y piensas que Él no te ha escuchado, porque no ves una contestación rápida a tu circunstancia? ¡Qué mal se siente! ¿Verdad? Pues eso ocurrió aquí. Ella tenía su situación, clamó a Jesús y pareció que Él no la escuchó.

Además, parece que ella llevaba bastante tiempo detrás de Jesús, dándole su queja. Porque se nos indica que los discípulos le pidieron a Jesús que la despidiera porque venía detrás de ellos "gritando" NVI, "dando voces" RV. ¿Qué increíble verdad? Los mismos discípulos que han sido testigos de sus milagros, sus obras, su amor por la humanidad, ellos le pidieron que la despidiera. Ninguno se colocó en el lugar de ella ni por un segundo. A ninguno, en ese momento, le importó el dolor de esa mujer, solo sabían que los estaba volviendo locos con sus gritos y querían salir de ella.

Así somos nosotros en muchas ocasiones, se nos olvida que estamos aquí para amar a nuestro prójimo e ignoramos su dolor, su situación y seguimos hacia adelante con nuestras vidas. Debemos trabajar para cambiar esta actitud y, al contrario, al primer grito de auxilio, acudir y ayudar a nuestro prójimo.

Bueno, volvamos a la historia. Cuando los discípulos le hablaron de esta manera, Jesús dijo: *"No fui enviado sino a las ovejas perdidas del pueblo de Israel"*. El ministerio de Jesús estuvo en un principio dirigido a los judíos. Juan 1:11 nos dice que *"a los suyo vino"*. O sea, para completar, Jesús le dice que Él vino solo a buscar a los descarrilados, pero a los que pertenecen al pueblo de Israel. ¿Increíble no? ¿Qué hubiese hecho usted en el lugar de esa mujer? Le están diciendo que no hay nada para ella, porque no pertenece a Israel. ¿Difícil la situación verdad? Pero Jesús solo estaba apretando más la situación para que la fe que tenía esta mujer en Él, brillara aún más. Aún con todo esto la mujer le dijo: *¡Señor ayúdame!,* y Jesús le dijo: "No está bien quitarles el pan a los hijos y echárselo a los perros". ¡Wao! Le dijo perra.

El término perro se usaba despectivamente para referirse a los gentiles, o sea lo que querían hacer era denigrar a estas personas usando este término. En Medio Oriente, durante la época de Jesús, no se permitía perros en el interior de una vivienda (muy diferente a nosotros). Los perros eran despreciados y considerados criaturas profanas. Estos deambulaban errantes, abandonados y medio salvajes. El perro merodeaba por las calles en busca de alimento. En temperamento, estos perros salvajes no eran muy diferentes a los lobos. Los adultos de Medio Oriente no se relacionaban con ellos.

Ser comparados con perros era una ofensa para cualquier persona. Pero recuerden, Jesús lo que sigue es preparando la escena para que brille la fe de esta mujer. Esta mujer fue inteligente porque no pasó por alto que Jesús no le dijo perro, sino que usó la palabra "perrillo" (RV) y ahí había una diferencia. A las familias con niños de Medio Oriente, se les permitía tener en casa perros pequeños (cachorritos) como juguetes para los niños. Su lugar durante la hora de comer era debajo de la mesa. Estos comían de las migajas. Probablemente, comían trozos de alimentos que se resbalaban bajo la mesa por la compasión de los niños. Al utilizar la palabra "perrillo" Jesús le indica a esta mujer que estaba dentro de la casa y por eso ella responde: *"Si Señor, pero también los perrillos comen de las migajas que caen de la mesa de sus amos".* RV

Inmediatamente Jesús reconoce lo grande de su fe y su hija quedó sana. Esta mujer tuvo una gran fe. Ella no se dio por vencida. Ella fue persistente, perseverante y recibió lo que quería. En el tiempo de crisis ella tuvo fe en Jesús. No importó todo lo que tuvo que pasar, ella siguió hacia adelante. Ella sabía quién tenía la solución para su problema, no importó las personas que la rodeaban, no importó las críticas a su comportamiento, no importó el silencio de Jesús en determinado momento, no importó ser menospreciada por su origen, ella siguió confiando en Jesús.

Piensa, ¿eres tú así? ¿Sigues hacia delante, a pesar de las circunstancias? ¿Sigues hacia adelante confiando en Dios, en su Palabra, aún cuando a veces parece que guarda silencio? Sabes, Dios siempre te oye, te observa y camina contigo. Pero, Él quiere toda tu confianza, que tu fe esté puesta en Él, sin importar lo que puedas ver o escuchar a tu alrededor. Él quiere que entendamos que la respuesta para toda situación o interrogante en nuestra vida está en Él. Dios es nuestro todo. Él es nuestro origen, nuestro diseñador, nuestro creador y quién mejor para ayudarnos en nuestro diario vivir. Él quiere que entendamos que es nuestro mejor amigo y es quien primero que debemos acudir en nuestras situaciones, sean difíciles o sean de satisfacción.

Dios quiere que le hables, que le tengas confianza y cuentes con Él en todo momento. Dios siempre está con nosotros. Su Espíritu Santo mora en nosotros y es la mejor guía en nuestra vida. El Salmo 34:17 nos dice: *"Los justos claman, y el Señor los oye; y los libra de todas sus angustias"*. La clave para esto es la fe que tengamos en Dios. Hebreos 11: 6 dice: *"En realidad sin fe es imposible agradar a Dios, ya que cualquiera que se acerca a Dios tiene que creer que él existe y que recompensa a quienes lo buscan"*. Luego puede leer ese capítulo completo, habla de la fe.

Conforme sea tu fe, así será tu victoria. Marcos 11:23 dice: *"Les aseguro que si alguno le dice a este monte: "Quítate de ahí y tírate al mar", creyendo y sin abrigar la menor duda de que lo dice sucederá, lo obtendrá"*. Hay que ser fuerte, valiente, aguerrido para conseguir lo que se quiere. Persiste para que resista. Ora en todo instante.

"El Dios que habló todavía habla. El Dios que vino aún viene. Viene a nuestro mundo. Viene a tu mundo. Viene a hacer lo que tú no puedes".
-Max Lucado

Recuerda que en tu debilidad se glorifica Dios. Hay que recordar que dependemos de la misericordia de Dios; que hay que darle el lugar de honor que le corresponde y que tenemos que expresarnos con claridad. Respecto a esto, una vez escuché el testimonio de una pastora (ahora no recuerdo su nombre) que anhelaba ser madre. Su esposo y ella trataron de forma natural, usando los avances médicos. Pero no lo lograron. Un día lloraba por la frustración de no ver realizado su sueño y escuchó cuando Dios le dijo que iba a ser madre. Pero esta fue la parte que me impactó, él le dijo a ella que en su petición ella le había pedido ser madre, pero no le dijo cómo ella quería alcanzar ese sueño. Ella fue madre, pero por medio de la adopción.

Dios escucha nuestras oraciones, aún cuando la respuesta parezca ser no. Nuestro Dios es fiel. Él oye los pedidos de todos aquellos que confían en Jesús, sin importar quiénes sean.

¡AMÉN! ¡Amén! ¡AMÉN!

¿En quién o en qué está puesta tu fe?

Hace unos días fui a mi médico de cabecera. La norma en una oficina de médico o cualquier otra es hablar con personas que nunca has visto y tal vez nunca verás de nuevo. En esta ocasión hablé con una pareja: ella tenía 72 años y él 78 años. Me hablaron de donde viven, de la forma en que se entretienen (sembrando plantas), de sus padecimientos, de las noticias del momento…etc. Pero, en un momento dado, la mujer me habló de lo bueno que es nuestro médico (cosa en la que estoy completamente de acuerdo), de su calidad como ser humano. Todo iba muy bien hasta que me dijo que en una ocasión tenía un dolor, vino donde él y se alivió. Pero añadió: "eso es por la fe que tengo en él".

Ahí fue que mi mente puso la alerta de pare y entonces comencé a pensar. ¿Dónde está puesta la fe de las personas? Y te pregunto a ti, ¿dónde está puesta tu fe? Nuestra fe, se supone que esté puesta en Dios, en Jesús y el Espíritu Santo. Siempre recordando que Jesús es el camino, la verdad y la vida (Juan 14:6).

Recordando que la Palabra de Dios nos dice: *"Así dice el Señor: ¡Maldito el hombre que confía en el hombre! ¡Maldito el que se apoya en su propia fuerza y aparta su corazón del Señor!"* (Jeremías 17:5). Tu fe debe estar puesta en el Dios trino, no en otro ser humano, no en las circunstancias que te rodean, no en tu estado de ánimo, no en tus emociones, no en tu propia prudencia… en nada más que no sea Dios.

Es pues la fe la garantía de lo que se espera, la certeza de lo que no se ve (Hebreos 11:1). Me gusta mucho una alabanza del Pastor René González que habla de la fe y dice: *"…la fe mueve montañas eso tú lo conoces, la fe hace que viva lo que ya estaba muerto, por la fe cobra aliento. La fe no admite duda y no cruza los brazos, no se sujeta al tiempo, no se rinde al fracaso, ella sigue luchando…"*

Pero todo esto ocurre si tu fe está puesta en el lugar correcto: Dios. Y la fe viene por el oír y el oír de la Palabra. Dios nos hizo con una medida de fe, pero si quieres que tu fe aumente, crezca, madure, te invito a que saques de tu tiempo, leas, escuches, medites e internalices la Palabra de Dios. Y así tu fe estará en el lugar correcto.

Evalúate, ¿dónde está tu fe? ¿Está en Dios? Te felicito. ¿No está en Dios? Entonces te invito a hacer los ajustes necesarios para que la coloques en la fuente de vida: Dios. El primer paso es aceptar a Jesús como tu Salvador. ¡Muchas bendiciones!

¡AMÉN! ¡Amén! ¡AMÉN!

Permite que hable tu fe

Una noche un hombre soñó que se paseaba por la playa con nuestro Señor. En el cielo aparecieron escenas de su vida con dos series de huellas en la arena, una de él y la otra del Señor. Al aparecer la última escena delante de él, tornó su mirada hacia atrás y notó que muchas veces en el camino de su vida solo había una serie de huellas en sus momentos más tristes.

Esto le molestó tanto que dijo: "Señor, me dijiste que, una vez decidiera seguirte, caminarías conmigo toda la distancia, pero he notado que en los momentos más difíciles de mi vida solo hay una serie de huellas. No comprendo por qué cuando más te necesitaba tú me dejabas solo".

El Señor le contestó: "Hijo mío, te amo y nunca te he abandonado. En tus momentos de prueba y sufrimiento, cuando tú solo ves una serie de huellas, era entonces que yo te cargaba". Reflexión: Huellas

¿Alguna vez te has sentido cansado al punto de desfallecer? ¿Alguna vez te has sentido que estás solo? ¿Alguna vez has pensado que Dios te ha dejado solo? ¿Alguna vez has pensado o expresado que Dios no te escucha? Si eres de carne y hueso, como yo, debes haber dicho sí a alguna de estas preguntas o tal vez a todas. ¿Por qué? Porque somos seres imperfectos y a veces nos dejamos llevar por nuestra parte almática (emociones, pensamientos). Y yo diría que hasta cierto punto es normal que ocurra. Lo que no sería normal, si le crees a Dios, es que permanezcas en este modo de pensar. Porque si eres hijo de Dios, y conoces a tu Padre, sabes en tu interior que Él no te dejará, no te desamparará, Dios va delante de ti, Él envió a Jesús a pagar por ti y por mí en la cruz. Jesús venció y la victoria es nuestra.

Como ya saben, soy maestra en el Departamento de Educación de Puerto Rico. Si ve y escucha noticias, conoce el panorama de los maestros en esta agencia, y no es muy halagador. Llevo alrededor de 9 años trabajando en la misma escuela. Al pasar tanto tiempo en un lugar, uno puede llegar a sentir como si fuera su casa, y a tus compañeros como si fueran una familia extendida. Son muchas vivencias en tantos años.

¿Cuántos saben que Dios nos habla? Y no me refiero a que llegue una persona y le diga: "Así te dice el Señor…" Creo en los profetas, claro, pero siempre pasando lo que digan por el cedazo de la Palabra. Dios nos habla de muchas maneras. La clave está en que busquemos tener intimidad para escucharlo y lo queramos escuchar. Además, estar dispuestos a escuchar lo que nos gusta y lo que no nos gusta. Dios nos habla hermoso, pero también nos hace ver nuestros errores, nuestras oportunidades para mejorar. El Señor busca que tengamos una actitud de sumisión y obediencia hacia Él y su Palabra. Cuando Dios habla exhorta, consuela y edifica.

En los primeros días de mes de marzo en el 2018, durante mi tiempo con Dios en las mañanas, Dios comenzó a hablarme. Me decía: Jesús es la vid, no te apartes de ella (Juan 15:1-17), Dios perfecciona la buena obra (Filipenses 1:6), me decía que me otorgaba mi territorio (Josué 17), me decía que hablara a otros, que diera mi testimonio (Hechos 4:33), me dijo que Él me daba reposo y que me daba la tierra (Josué 1:13), me decía que amara al prójimo como a mí mismo (Lucas 10:27), me decía que mi vida estaba escondida en Cristo (Colosenses 3:3). Todo lo que Dios me decía me inquietaba un poco (de buena manera) porque entendía que algo iba a ocurrir, pero a la vez Dios me decía: "Yo estoy en control". Uno de esos días, a través de un libro llamado: *A solas con Dios: Mis oraciones* de Claudia Pinzón, Dios trajo a mi vida la palabra cambio. Y esa mañana me sentí inquieta, pero en mi oración le dije a Dios: *"No sé en qué área de mi vida me estás hablando de cambio, lo que sí sé es que Tú tienes el control de mi vida, porque yo te la he entregado".* En ese momento sentí paz. Entregué el día en sus manos y continué haciendo mis cosas, en paz.

El 15/3/18, el versículo de ese día me habló así: "*¡No tengas miedo ni te acobardes! Toma contigo a todo el ejército, y ataquen la ciudad de Hai. Yo les daré la victoria sobre su rey y su ejército; se apropiarán de su ciudad y de todo el territorio que la rodea*" (Josué 8:1). En mi reflexión escribí: "Dios me da la victoria. Dios está conmigo. Dios me otorga el territorio. Dios va delante de mí. Jesús ya venció. Así que seguiré hacia adelante confiada en Él". Esa fue la palabra que escribí y declaré ese jueves, temprano en la mañana. Me fui a trabajar. Cuando estaba dando mi clase, llegó un compañero y me preguntó: "Noemí, ¿viste tu correo electrónico del Departamento?" Y le contesté: "No. ¿Qué ocurre?" Y me dijo: "Nos llegó a ti, otra compañera y a mí una carta donde nos informan que somos recursos disponibles. Tienes que presentarte mañana en la oficina regional a las 8:00 a.m."

Para que entiendan, esto significaba que me iban a cambiar de escuela. No puedo negar que la noticia me asombró, pero, sí puedo declarar que sentí paz. Recordemos un instante el versículo de esa mañana: "*¡No tengas miedo ni te acobardes! Toma contigo a todo el ejército, y ataquen la ciudad de Hai. Yo les daré la victoria sobre su rey y su ejército; se apropiarán de su ciudad y de todo el territorio que la rodea*" (Josué 8:1). Recordé la Palabra que Dios me había hablado desde comienzos del mes de marzo, y lo que sentí fue paz. La noticia corrió como pólvora en la escuela. Mis compañeros estaban afectados. Éramos tres compañeros que íbamos a ser reubicados. Algunos me decían que estaban atónitos. Una de mis compañeras es pastora. Cuando ella me vio, yo estaba almorzando, mire si tenía paz que ni el hambre se me fue. Ella me preguntó: "Noemí, ¿cómo te sientes? Yo saqué mi celular y leí el versículo que Dios me había dado, entonces me dijo: "Entiendo". Yo le expresé: "Yo sé que Dios está en control". Entonces, avisé a ciertas personas para que me cubrieran en oración. Fíjese que en el versículo Dios me dijo: *"...toma contigo a todo el ejército..."* Escribí a mi pastor, él me contestó con un mensaje alentador, lleno de la sabiduría que Dios le ha otorgado y perfecto para ese momento.

El viernes 16 de marzo de 2018, fui a mi cita en la oficina regional del Departamento de Educación. Éramos alrededor de 50 personas en la misma situación. Encontré excompañeras de trabajo (fue bueno verlas). Pero el ambiente era pesado, lleno de angustia, incertidumbre, enojo, frustración… era un ambiente cargado. Después de saludar y hablar un rato, recuerdo que me senté y comencé a orar. Le pedía a Dios que le diera paz a todos los que estaban allí. Luego nos llamaron, pasamos a una sala, nos dieron instrucciones y teníamos que esperar a ser llamados. La primera que llamaron fue a mi compañera de escuela. Hablaron con ella, firmó y salió de la sala. Luego me llamaron y me dijeron: "Miss le toca x escuela y será bibliotecaria". Quedé sin palabras. ¡Yo no soy bibliotecaria! Firmé y salí. A mi compañera, que daba primer grado, la enviaron a una escuela superior a dar clases de Historia. Cuando escuché eso, solo di gracias Dios.

De camino a la escuela para buscar mis cosas comencé a mirar lo positivo de este cambio: era una escuela cerca de mi casa, conocía a la directora (fuimos compañeras de trabajo), conocía a dos compañeros de esa escuela. Así que empecé a enfocarme en lo positivo. Lo que sí me inquietó era tener que dejar a mis niños, ya casi finalizando el año escolar. Después de 18 años de estar frente a un grupo, facilitando su aprendizaje, que es lo que me gusta, a estar en una biblioteca, eso era un gran cambio. Busqué amistades que han trabajado en esa área y me decían: "Noemí vas a estar bien, tendrás cosas que hacer, lo vas a manejar bien…" y cosas por el estilo. Ese fin de semana mi teléfono recibió muchas llamadas, mensajes de texto de los padres, quienes no podían entender lo que sucedía. Inclusive tuve que llamar a una de mis estudiantes, estaba desconsolada porque a su maestra la habían "botado" de la escuela. No fue fácil. Pero dentro de todas estas circunstancias yo tuve paz. No perdí el apetito y pude dormir tranquila.

La lectura del sábado me dijo lo siguiente: *"pero yo* (Jesús) *he orado por ti, para que no falle tu fe. Y tú, cuando te hayas vuelto a mí, fortalece a tus hermanos"* (Lucas 22:32). La lectura del domingo fue: "Ya que has puesto al Señor por tu refugio, al *Altísimo por tu protección, ningún mal habrá de sobrevenirte, ninguna calamidad llegará a tu hogar. Porque él ordenará que sus ángeles te cuiden en todos tus caminos"* (Salmo 91:9-11). Quiero hacer un paréntesis aquí y hacer una observación, una aclaración. Tal vez usted pueda pensar: Ah, pero ella a lo mejor busca los versículos que aplican a lo que está viviendo y dice que Dios le habla. Pero no es así hermanos. Cada año yo comienzo un libro que sea un devocional. Y mis lecturas siguen el orden del libro que esté usando. Ese año leí el libro: *Dios está con usted cada día* de Max Lucado. Cada lectura ha sido, la que ha correspondido al día, según el orden de ese libro. Pero sobretodo fueron ordenadas según la necesidad que yo iba a tener en esos días. Dios conoce el fin desde el principio.

Ese lunes hubo paro de los maestros (muestra de rechazo a todos los cambios que estaban ocurriendo en Departamento de Educación). Yo me quedé tranquila en mi hogar. Las llamadas no paraban... De momento recibí una llamada del Departamento de Educación donde me informaron que al día siguiente me reportara a mi escuela, a mi salón, con mis niños como de costumbre. ¡La gloria para Dios! Ese lunes mi versículo fue: *"... Yo soy el camino, y la verdad y la vida - le contestó Jesús - Nadie llega al Padre, sino por mí"* (Juan 14:6) ¡Aleluya!

Recuerdo que el domingo yo llegué al templo con alegría, con gozo, adorando a Dios con todas mis fuerzas y Dios en un momento me hizo reflexionar: mira como te sientes aún cuando sabes de tu cambio. Y yo solo podía darle gracias a Dios por su gozo y por su paz. El tema de este escrito es: permite que hable tu fe. La palabra fe viene del latín *fides* y es la seguridad o confianza en una persona, cosa, deidad, opinión, doctrinas o enseñanzas... Hebreos 11:1 dice: *"Ahora bien, la fe es garantía de lo que se espera, la certeza de lo que no se ve"*. 2 Corintios 5:7 dice: *"Vivimos por fe, no por vista."* Cuando las circunstancias quieran determinar tus vivencias, enséñale que la fe en Dios, en su Palabra, es lo que determina tu vida. Para poder permitir que tu fe hable, debes alimentarla diariamente. Romanos 10:17 dice: *"Así que la fe viene como resultado de oír el mensaje, y el mensaje que se oye es la Palabra de Cristo".*

Mis circunstancias me pudieron llevar a estar en tensión, tristeza, desánimo o incertidumbre. Pero quien habló en todo tiempo fue mi fe. Mi fe en el Dios que he creído. Mi fe en el Dios que me habla diariamente, porque busco el tiempo para conversar con mi Él. Mi fe en que Jesús es mi vid, en que Dios me perfecciona cada día, por eso pasamos procesos y somos moldeados por estas situaciones. Cuando me dijo que me otorgaba mi territorio, no entendía si era en mi escuela o en otro lugar, pero sí sabía que Dios me lo otorgaba y eso era suficiente. Tenía la certeza de que Él me daba reposo. Me pedía que amara a mi prójimo, pero en circuns-tancias así es todo un proceso, porque tu naturaleza te lleva a querer echar culpas, dar opiniones, etcétera. Me decía que yo estaba escondida en Cristo, cuando me dijo: *"¡No tengas miedo ni te acobardes! ...se apropiarán de su ciudad y de todo el territorio que la rodea".* Si proviene de Dios es bueno, ahí estaba mi fe y permití que hablara. Él me indicó que hablara a otros, que diera mi testimonio (Hechos 4:33), y lo he hecho.

Solo quiero que sepan y recuerden que Dios vive, que Dios tiene cuidado de cada uno de nosotros, que Él es nuestro Padre, que cuando miramos y solo vemos un par de pisadas en la arena es porque nos lleva en brazos. Él nunca nos abandona. Él va delante de nosotros. Él envió a Jesús para que venciera y así sucedió, por lo cual somos victoriosos en Cristo Jesús. No le des cabida a las circunstancias del mundo. *"Permite que tu fe hable a tu alma haciendo que su mirada se desvíe de las circunstancias y se dirija hacia el rostro de Dios",* de Jesús (Biblia Plenitud). *"Él, en cambio, conoce mis caminos: si me pusiera a prueba, saldría yo puro como el oro"* (Job 23:10). Aunque no lo sientas y pienses que no está, Él sigue ahí, junto a ti y sabe lo que vives, lo que sientes y si confías en Él, la victoria es tuya. *"porque todo el que ha nacido de Dios vence al mundo. Ésta es la victoria que vence al mundo: nuestra fe"* (1 Juan 5:4). Permite que hable tu fe.

¡AMÉN! ¡Amén! ¡AMÉN!

Tú

Conoce con Dios tu diseño

¿Has viajado a algún país donde hayas tenido que hacer un cambio de moneda? ¿Te fijaste cuán diferentes son? Cada país tiene su propia moneda con sus respectivos nombres. Por ejemplo: Argentina - peso, Brasil - real, China - yuan, Israel - sheket, etc. Cada moneda tiene un diseño único. Tal vez coincidan en sus nombres, como ocurre con: Argentina, Chile y Colombia, donde le llaman peso. Pero cuando las observas, notas que su diseño representa algo importante, de orgullo, que caracteriza y es único de ese país. Así mismo ocurre contigo y conmigo. Cada uno de nosotros tenemos algo importante, de orgullo, característico de la esencia de Dios. En Génesis 1: 26-27, nos dice: *"Hagamos al ser humano a nuestra imagen* (Padre, Hijo y Espíritu Santo) *y semejanza. Que tenga dominio sobre los peces del mar, sobre las aves del cielo; sobre los animales domésticos, sobre los animales salvajes, y sobre todos los reptiles que se arrastran sobre el suelo. Y Dios creó al ser humano*

157

a su imagen; los creó a imagen de Dios. Hombre y mujer los creó". Nuestro ser fue creado a imagen de la Trinidad. Fíjese que dice "nuestra semejanza", no dice "a mi semejanza". Nosotros tenemos cualidades como la razón, la personalidad, y el intelecto que tienen algo de semejanza a la de la Trinidad. Tenemos capacidades como, por ejemplo: relacionar, escuchar, ver y hablar, que tienen algo de semejanza a la de la Trinidad. Éstas fueron otorgadas por Dios. Pero entre nosotros, no somos iguales unos con otros. Cada uno de nosotros es único e importante. Así como mencioné al principio que cada moneda representa algo importante de su país, así somos nosotros, representamos algo importante de Dios aquí en la Tierra.

Somos un diseño exclusivo de Dios. Pero en nuestro andar por la vida nos hemos desenfocado y nos hemos olvidado de lo preciado que somos para Dios. Hemos olvidado que en nuestro ser existe algo que representa la esencia de Dios. Por tal razón, tenemos que reencontrar nuestro diseño, de la mano de Dios. Conociendo al Padre, al Hijo y al Espíritu Santo.

¿Cómo lo hacemos?

1- Hablando con el Padre-
Para esto tenemos la oración. Es hablar directa y sinceramente con Dios. Es abrir de par en par tu corazón a Él, sin dejar nada que decir. Porque Dios conoce tu corazón, Él es omnisciente, o sea que Él todo lo sabe, pero lo que es agradable ante sus ojos es tu sinceridad.

2- Conociendo su ser por medio de su Palabra- Entra a su esencia utilizando la guía que dejó en nuestras manos, la Biblia. Esa colección de libros que fueron escritos por seres humanos, pero bajo la dirección del Espíritu Santo.

3- Aceptando a Jesús como tu Salvador- Reconociendo que Jesús es: *"el camino y la verdad y la vida; nadie viene al Padre, sino por mí"* (Juan 14:6). En 1 Pedro 2:4-6 nos dice: *"Cristo es la piedra viva, rechazada por los seres humanos pero escogida y preciosa ante Dios. Al acercarse a él, también ustedes son como piedras vivas, con las cuales se está edificando una casa espiritual. De este modo llegan a ser un sacerdocio santo para ofrecer sacrificios espiri- tuales que Dios acepta por medio de Jesucristo. Así dice la escritura: <<Miren que pongo en Sión una piedra principal escogida y preciosa, y el que confíe en ella no será jamás defraudado>>"*. Al acercarnos a Cristo pasamos a ser casa espiritual de Dios. Pero para ser esa casa espiritual tenemos que entregarnos por completo. Lo importante de todo esto es que, al contrario de las monedas, nuestro valor como ser humano no cambia.

Si lees en el periódico la sección de Sistema de Valores, te darás cuenta que hay monedas que suben de valor, en la economía global y otras que bajan. En el "Sistema de Valores de Dios", nuestro valor siempre es el mismo y nuestro valor está siempre en la máxima escala. Mira si es así, que cuando a Jesús lo crucificaron, lo hicieron junto a dos hombres más, que eran ladrones. O sea que estos hombres les habían hecho daño a otras personas, despojándolas de sus pertenencias. Pero uno de estos hombres en ese momento tan doloroso le dijo: *"Jesús acuérdate de mí cuando vengas en tu reino"*. (Y Jesús contestó) *"Te aseguro que hoy estarás conmigo en el paraíso"* (Lucas 23: 42-43).

Jesús vio el arrepentimiento genuino en aquellos ojos y en aquellas palabras, y eso trajo a su memoria el valor que tenía como diseño suyo. Entonces, ganó su lugar, el cual por un tiempo había dejado vacío al desenfocarse en su vida. Si a tu mente vienen pensamientos de que vales poco, ya sea por: tu aspecto físico, por habilidades que no tienes, por cosas hechas en tu pasado… esos pensamientos no son de Dios. Por tal razón, hay que hacer lo que dice Pablo en 2 Corintios 10:5 *"Destruimos argumentos y toda altivez que se levanta contra el conocimiento de Dios, y llevamos cautivo todo pensamiento para que se someta a Cristo"*. Llevemos nuestros pensamientos a la presencia de Cristo.

Sabes, en vez de lamentarnos por como no somos físicamente, por lo que no sabemos hacer, o por lo que hicimos mal (por lo cual ya le pedimos perdón a Dios unas mil veces y nos perdonó de la primera) tenemos que comenzar a trabajar en nuestra relación con Dios para entender quienes somos. Así iremos entendiendo nuestro diseño y comprenderemos el gran valor que tenemos en el Reino de Dios. En semejanza con las monedas nosotros tenemos una utilidad muy importante en el "Sistema de Valores de Dios". En la economía terrenal las monedas son las que se utilizan para adquirir todo lo que se necesita: casa, ropa, alimentos, servicios médicos etc. En el "Sistema de Valores de Dios", cuando nos reencontramos, nos conocemos, identificamos nuestras cualidades y capacidades, entonces somos herramientas para obtener más vidas para el Reino de Dios. Somos el instrumento que Dios usa para que otros conozcan a Jesús, que es la verdad y la vida.

En Mateo 28:19 dice: *"Por tanto, vayan y hagan discípulos de todas las naciones bautizandolas en el nombre del Padre y del Hijo y del Espíritu Santo"*. Ese es nuestro fin. Esta es nuestra gran comisión. ¿Cómo lo haremos? Ahí es que viene la diferencia: según tu diseño, según tus habilidades, según los dones y talentos que Dios ha puesto en tu ser. Pero para lograrlo debes conocer tu diseño con Dios y reconocer tu valor, para así poder mostrarlo, proyectarlo a los que aún no lo conocen.

Te invito a que vuelvas a enfocarte y te encamines por el sendero correcto. Que te reconcilies con el Señor, si eres apartado, y si aún no lo conoces, te invito a que aceptes a Jesús como tu Salvador. También invito a todo aquel que hasta hoy no había entendido el valor máximo que tiene ante los ojos de Dios, que permita que Él te lo muestre de una forma única, según tu diseño. ¡Qué mejor maestro! Él es tu padre, quien te formó, quien te cuidó desde el vientre de tu madre, quien vigila tus pasos, quien te protege de todo mal, quien abre puertas y cierra aquellas que no son de bien para ti. Ríndete a Dios, coloca tu vista en Él, no en el hombre, ni en sus actitudes o acciones, sino en Dios,

161

en su amor, en su favor, en su gracia, en su misericordia. Solo en Él. Acércate al trono de su gracia. Reconoce su soberanía en tu vida y permite que actúe según su voluntad en ella. Dios te ama infinita y profundamente.

¡AMÉN! ¡Amén! ¡AMÉN!

Dios está creando tu perla

Hace un tiempo mi pastor habló acerca de las perlas y explicó el proceso que lleva a cabo la naturaleza para crear esta hermosa joya. En tiempos antiguos las perlas eran consideradas gemas de muy alto precio. En la Biblia se mencionan. Por ejemplo, Job 28:18 RV nos dice: *"No se hará mención de coral ni de perlas; La sabiduría es mejor que las piedras preciosas"*. Mateo 7:6 nos dice: *"No den lo sagrado a los perros, no sea que se vuelvan contra ustedes y los despedacen; ni echen sus perlas a los cerdos, no sea que las pisoteen"*. Mateo 13:45 dice: *"También se parece el reino de los cielos a un comerciante que andaba buscando perlas finas"*. Luego puedes buscar 1Timoteo 2:9, Apocalipsis 17:4 y Apocalipsis 21:21 dónde también mencionan las perlas.

Pero el día que el pastor mencionó el proceso de la creación de una perla, Dios me dijo: "La ostra (molusco dónde se forma la perla) eres tú, el cuerpo extraño que entra (el cual se utiliza para crear la perla) es tu problema, tu aflicción, tu conflicto, tu situación, el nácar (sustancia que forra la cavidad del molusco) es el poder, la unción del Espíritu Santo que transforma ese cuerpo extraño que te perturba en una perla (tu milagro).

Cuando vivimos una situación difícil, llámese como se llame: enfermedad, muerte de un ser querido, divorcio o problemas financieros, pensamos que es el fin del mundo. Cada uno de nosotros experimentamos la presencia de un cuerpo extraño. Pero Dios nos dice que ese cuerpo extraño se va a convertir en una joya preciosa. Se va a transformar de maldición a bendición, porque estamos sujetados a Cristo, nuestra roca. Somos parte del cuerpo de Cristo. Creemos que Jesús venció en la cruz del calvario. Por lo cual el final de nuestro proceso es una gema de gran valor.

¿Experimentamos dolor? Sí.
¿Experimentamos tristeza? Sí.
¿Experimentamos incertidumbre? Sí.

Pero cuando estas cosas y muchas más quieran apoderarse de nuestro ser, tenemos que recordarles a quién servimos. Tenemos que hablarles a nuestras circunstancias del poder de nuestro Dios. Debemos decirle fuerte y alto que mayor es quién está con nosotros (1Juan 4:4). Debemos decirle que Jehová: Rafa (sanador), Jireh (proveedor), Shalom (paz)…está con nosotros. Hay que decirle que Jesús es nuestro Salvador, Redentor, Escudo, Protector,

Alto Refugio, Torre Fuerte... Pero sobre todo debemos tener nuestra confianza puesta en Él.

Recuerda, si en este momento estás viviendo un momento difícil, Dios está trabajando para crear tu perla, tu milagro. Así que abre tus brazos para que recibas tu gema preciosa.

"Alaba, alma mía, al Señor, Y no olvides ninguno de sus beneficios. Él perdona todos tus pecados, y sana todas tus dolencias" (Salmo 103:2-3).

Te bendigo en el nombre de Jesús...

¡AMÉN! ¡Amén! ¡AMÉN!

¿Qué tal tu taza de café?

Mmmm...café. Para muchos de nosotros una bebida deliciosa, para otros no. Leí un artículo sobre ¿cuántas tipos de bebidas de café hay? En ese artículo mencionaron 44 clases de café. Así que imagínese si hay variedad. Lo chévere de esto es que hay café para diferentes gustos y paladares. Me pregunto: ¿Y si la vida fuera un café? ¿Si usted pudiera ir a una cafetería de vida y pedir su café de vida a su gusto? ¿Qué pediría? ¿Cómo lo sazonaría? Medite en esto un momento. ¿Qué tendría su café? A mi café le pondría: Dios, vida eterna, salud, formar un hogar con mi ayuda idónea (cuando llegue), alegría, misericordia, firmeza, madurez, confianza, paz, perseverancia... y seguiría añadiendo ingredientes a mi café. ¡Qué chévere sería! Cada uno tendría una vida perfecta, según sus gustos y necesidades.

Pero la realidad no es así. No podemos ordenar nuestra vida como se ordena un café. Por lo cual en el transcurso de la misma experimentamos distintos sabores, unos más dulces, otros más amargos y no los podemos rechazar. Simplemente beberlos, sorbo a sorbo. A veces podemos tragarlos más rápidos y hasta saborearlos. Mientras que para otros hay que hacer un esfuerzo sobrehumano para poder digerirlo, por lo fuertes que son. Pero hay que experimentarlos.

Dios nos habla a diario, si lo buscamos en espíritu y en verdad. Nos habla de distintas maneras y nos da el aliento, la fuerza, la energía para seguir hacia adelante. Jesús nos dice: *"Yo soy el pan de vida"* (Juan 6:48). Si lo tenemos a Él, aunque podamos pensar que nos falta algo o lo que estamos atravesando es muy difícil, la realidad es que con Él lo tenemos todo y sin Él nada. También Jesús nos dice: *"El Espíritu da vida; la carne no vale para nada. Las palabras que les he hablado son espíritu y son vida"* (Juan 6:63). Fíjese bien en la parte que dice: ...la carne no vale para nada... Por qué querer seguir ordenando la vida como si fuera un café, cuando la clave está en confiar en Dios y permitirle a Él que coloque los ingredientes perfectos en su tiempo perfecto. Verás que tendrá un sabor exquisito para tu paladar y los disfrutarás desde el principio hasta el final. Disfruta tu vida con el sabor que Dios ha determinado para ti desde que te pensó, te diseñó y te creó. ¡Disfrútalo y buen provecho!

¡AMÉN! ¡Amén! ¡AMÉN!

¿Te has dado cuenta de tu bendición?

El 15 de mayo de 2014, leí una noticia que me hizo recordar la bendición que tengo de vivir en Puerto Rico. Un lugar donde no me prohíben que yo sirva y adore a Dios. Un lugar donde no tengo restricciones y soy libre de expresar mi fe.

En Sudán se condenó a muerte a una mujer, doctora de profesión, por volverse cristiana. La acusaron de apostasía y adulterio. Lo de apostasía lo entendí de inmediato, ya que este concepto significa: negación o abandono de las creencias en las que uno ha sido educado. Pero lo que no entendí de primera intención fue lo del adulterio. Porque la noticia decía que era casada, que tenía un niño y otro en camino. Pero luego entendí. Es que, en el islam, si tú cambias de religión, tu matrimonio queda nulo. Así que ella era adúltera. Sin embargo, su esposo no, porque se casó con ella antes de que cambiara de religión. Un poco complicado, ¿verdad? Esta mujer tenía 27 años, la matarían luego de que tuviera a su bebé y lo hubiera amamantado por un periodo aproximado de dos años. Así que su ejecución sería en el 2016, pero antes de ejecutarla, le darían 100 latigazos. A ella, luego de su sentencia, le dieron tres días para arrepentirse y volver al islam, pero ella no lo hizo.

¿Qué hubieras hecho en su posición? Esta mujer demostró con hechos, que su convicción era genuina. Demostró que realmente amaba a Dios, a Jesús y al Espíritu Santo. Ha demostrado que cree que Jesús es el camino, la verdad y la vida. Y aún con una sentencia de muerte en sus costillas ella siguió hacia adelante, con su cabeza erguida y con valentía. Definitivamente, fue una mujer digna de admirar.

Por tal razón, creo que debemos dar gracias a Dios todos los días, porque nos ha permitido vivir en esta tierra dónde lo podemos adorar, sin ningún tipo de restricción. Te animo a que saques tiempo para estar con Dios. A veces pasan días, sin que ores, ni leas su Palabra, sin alabarlo, adorarlo… y qué lástima, porque estás desperdiciando un tiempo precioso para estar con Dios en su presencia. Salmo 37:4-5 dice: *"Deléitate en el Señor, Y él te concederá los deseos de tu corazón. Encomienda al Señor tu camino; confía en él; y él actuará"*.

Daniel Calveti tiene una alabanza que me gusta mucho, en la cual, él dice: *"Pero que bueno que tengo un día más para adorarte, que bueno que tengo un día más para agradecerte, que bueno que tengo un día más, no tengo tiempo de quejarme, que bueno que tengo un día más para entregarme sin reservas"*. Aprovecha la oportunidad que tienes de estar en intimidad con Él. Deja a un lado, por un rato, la limpieza, el carro, la televisión, el patio… eso a lo que tú le dediques demasiado tiempo y dedícale más a Dios. Verás la recompensa de ese tiempo en tu vida.

Salmo 46:7 dice: *"El Señor Todopoderoso está con nosotros; nuestro refugio es el Dios de Jacob".* Aprovecha tu tiempo, hablando con Dios y disfrutando de su hermosura, de su presencia y sé consiente de la bendición que tienes de servirle, adorarlo y alabarlo en completa libertad.

Te bendigo en el nombre de Jesús…

¡AMÉN! ¡Amén! ¡AMÉN!

Bibliografías

1. Max Lucado, 2016, Dios está con usted cada día, Casa Creación.
2. Reflexión: La roca en el camino- https://psicologia-estrategica.com/la-roca-camino/
3. Spanish Oxford Living Dictionaries
4. Max Lucado, 2011, Aligere su equipaje, Editorial Unilit.
5. El vuelo de halcón http://www.reflexionesparaelalma.net/page/reflexiones/id/252/title/Dos-Halcones
6. El puente https://psicologia-estrategica.com/el-puente/
7. Magdiel Narváez, 2017, Jesús en el siglo 21, Casa Creación.
8. El bordado de Dios http://www.reflexionesparaelalma.net/page/reflexiones/id/176/title/El-Bordado-de-Dios
9. Alice Mathews, 2009, Las enseñanzas de Jesús para la mujer de hoy: Aprende de las mujeres del Nuevo Testamento, Editorial Portavoz.

Made in the USA
Columbia, SC
21 November 2019